위대한 신앙의
83인 이야기

위대한 신앙의
83인 이야기

초판발행	1996년 8월 5일
재판3쇄	2007년 3월 12일
지은이	이 남 종
발 행 처	하늘기획
발 행 인	이 재 승
등록번호	제22-469호(1998)
주　　소	서울시 동대문구 청량리1동 235-6(미주상가)
I S B N	89-886-2665-6(03230)
주 문 처	하늘물류센타
전　　화	(031)947-7777
팩　　스	(031)947-9753

인지는 생략합니다. 잘못된 책은 친절히 바꾸어 드립니다.

위대한 신앙의 83인 이야기

이남종 지음

■ **머리말**

바울은 고린도전서 9:24~25에서 "운동장에서 달음질하는 자들이 다 달아날찌라도 오직 상 얻는 자는 하나인 줄을 너희가 알지 못하느냐 너희도 얻도록 이와 같이 달음질하라 이기기를 다투는 자마다 모든 일에 절제하나니 저희는 썩을 면류관을 얻고자 하되 우리는 썩지 아니할 것을 얻고자 하노라"라고 했다.

여기서 바울은 당시 고린도 근처에서 격년마다 열리는 이스트미아(Isthmia)의 육상경기를 비유로 하여, 우리 신자들도 신앙의 육상경기에서 승리하여 면류관을 쓸 수 있어야 한다고 말하고 있다. 당시 육상에서 1등을 하면 솔잎으로 된 면류관을 쓰게 되었는데, 이것은 곧 썩어 없어질 것이지만 신앙의 면류관은 결코 썩지 않을 면류관임을 가르치고자 했던 것이다.

고대 그리스에는 이스트미아, 피티아, 네미아, 올림피아 등 4가지 제전 경기가 열렸었는데, 이 가운데 올림피아가 가장 규모가 컸다. 이러한 그리스 경기는 그리스의 멸망과 함께 사라졌다가 1829년 근대 그리스가 터키로부터 독립된 후 프랑스인 쿠베르탱의 제창에 의해 1896년에 처음으로 올림픽이 그리스 아테네에서 개최되었다.

올림픽에서 금메달을 따게 되면 운동선수에게는 더 없는 영광이 주어진다. 특히 마라톤 우승자가 쓰게 되는 월계관은 그 자체로 최고의 영광을 의미한다. 하지만 이러한 지상의 면류관은 하늘의 면류관과 비교가 되지 않는다. 최근의 올림픽만 하더라도 불과 3초, 심지어 0.03초 차이로 금메달을 따지 못한 선수들이 통한의 눈물을 흘리기도 했다. 4년간 혹은 그 이상의 나날을 그 한 순간을 위해 준비해 왔는데, 그러한 결과를 얻게 된 선수들은 통분할 만도 할 것이다.

하지만 중요한 것은 이런 세상적인 올림픽에서 금메달리스트가 되는 것이 아니라 하늘나라에서 금메달리스트가 되는 것이다. 물론 이 책에 수록된 사람들만이 금메달리스트라고 볼 수는 없다. 그것은 오직 하나님만이 아실 일이기 때문이다.

또 이 책에는 외국의 신앙인들만 언급되어 있는데, 하나님께서 기회를 주신다면, 언젠가 다른 때에 한국의 신앙인들에 대해서도 언급할 때가 있을 것이다.

예컨대, 우리나라의 이상재, 주기철, 조만식, 이승훈 등이다. 우리는 궁극적으로 하나님과 1:1 관계에 있다. 바울의 가르침과 같이, 우리 모두 하나님 앞에서 신앙의 금메달을 따겠다는 정신을 가져야 할 것이다.

"형제들아 나는 아직 내가 잡은 줄로 여기지 아니하고 오직 한 일 즉 뒤에 있는 것은 잊어버리고 앞에 있는 것을 잡으려고 푯대를 향하여 그리스도 예수 안에서 하나님이 위에서 부르신 부름의 상을 위하여 좇아가노라"(빌 3:13~14).

Contents

10_ **하이든** · 음악가
12_ **윌리스** · 작가
13_ **워너 메이커** · 사업가
16_ **나이팅 게일** · 간호사
18_ **틴데일** · 성경 번역자
20_ **바하** · 음악가
22_ **조지 뮬러** · 목회자
24_ **하워드 켈리** · 의학자
26_ **리빙스턴** · 선교사
31_ **페니** · 사업가
34_ **렘브란트** · 화가
36_ **트루먼** · 대통령
38_ **윌리엄 윌버포스** · 정치가
41_ **링컨** · 대통령
46_ **스토우** · 작가
48_ **톨스토이** · 작가
50_ **파스칼** · 철학자
52_ **코페르니쿠스** · 과학자

54_ 케플러 · 천문학자
56_ 갈릴레이 · 과학자
57_ 아이작 뉴턴 · 과학자
59_ 페스탈로치 · 교육자
61_ 벤자민 프랭클린 · 정치사상가
63_ 워싱턴 · 대통령
66_ 맥아더 · 장군
69_ 아이젠하워 · 대통령
71_ 존 퀸스 아담스 · 대통령
73_ 가필드 · 대통령
75_ 크롬웰 · 정치가
77_ 글래드스턴 · 정치가
79_ 토마스 모어 · 대법관
81_ 고든 · 장군
82_ 윌리엄 문 · 점자 성경 발명가
83_ 다니엘 웹스터 · 정치가
85_ 모이니한 · 의학자
86_ 제임스 심프슨 · 의학자
88_ 크로스비 · 찬송가 작사자
90_ 조지 카버 · 과학자
94_ 토마스 아 캠피스 · 중세수도사
96_ 하버드 · 대학 설립자

- *98_* 윌리엄 제임스 · 심리학자
- *99_* 조니 에릭슨 · 평신도 전도자
- *101_* 콜게이트 · 사업가
- *103_* 윌리엄스 · YMCA 창설자
- *105_* 헨리 포드 · 사업가
- *107_* 모스 · 전신 발명가
- *109_* 윌리엄 클라크 · 식물학자
- *111_* 러셀 콘웰 · 대학 설립자
- *112_* 로버트 스티븐슨 · 작가
- *114_* 폴리갑 · 순교자
- *115_* 이그나티우스 · 순교자
- *116_* 어거스틴 · 신학자
- *118_* 루터 · 종교개혁가
- *120_* 카타리나 · 루터의 아내
- *121_* 칼빈 · 종교 개혁가
- *123_* 존 낙스 · 종교 개혁가
- *124_* 존 번연 · 작가
- *127_* 린네 · 식물학자
- *128_* 라파엘로 · 화가
- *129_* 뒤러 · 화가
- *132_* 헨델 · 음악가

- *135_* 존 밀턴 · 작가
- *137_* 월터 스콧 · 작가
- *139_* 찰스 램 · 작가
- *141_* 테니슨 · 시인
- *144_* 밀레 · 화가
- *146_* 월리스 · 박물학자
- *147_* 린드버그 · 과학자
- *149_* 존 뉴턴 · 찬송가 작사자
- *151_* 진젠도르프 · 경건 운동가
- *153_* 존 웨슬리 · 복음 전도자
- *155_* 수산나 · 웨슬리 어머니
- *156_* 이반 로버츠 · 부흥 운동가
- *158_* 조나단 에드워드 · 부흥 운동가
- *160_* 찰스 스펄전 · 설교자
- *161_* 윌리엄 타운센드 · 성경 번역자
- *163_* 조지 화이트필드 · 설교자
- *165_* 무디 · 복음 전도자
- *167_* 헬렌 켈러 · 사회사업가
- *171_* 윌리엄 부스 · 구세군 창시자
- *172_* 아도니람 저드슨 · 선교사
- *173_* 허드슨 테일러 · 선교사
- *175_* 윌리엄 캐리 · 선교사

교향곡의 아버지
하이든

Franz Joseph Haydn (1732-1809)

하이든은 좋은 악상이 떠오르게 해달라고 항상 하나님께 기도하며 작곡을 했다.

교향곡의 아버지로 불리는 하이든은 역사상 가장 위대한 작곡가 중의 하나로 손꼽힌다. 또한 그는 독실한 신앙인이었으며 특히 늘 기도하는 사람이었다.

그는 이렇게 말한 적이 있다.

"우리 집에는 작은 기도의 골방이 있습니다. 오늘날 내가 있게 된 것은 그 골방의 기도 때문입니다. 나는 기도 중에 무한하신 하나님이 그의 유한한 피조물에게 자비를 베푸시고 티끌 같은 저의 죄를 용서해 주심을 느꼈습니다."

어느 날 한 동료 음악가가 그에게 "모든 정신력을 다 쏟아 그 정신력이 고갈되어 버렸을 때 가장 빨리 그 힘을 회복할 수 있는 방법이 무엇일까요?"라는 질문을 했을 때도, 그는 이렇게 말했다.

"나는 일에 지치게 될 때 저의 작은 기도실로 들어가서는 기도합니다. 제 경험으로 이 방법이 성공하지 못한 적은 한 번도 없었습니다."

그는 작곡할 때 피아노 건반 앞에 앉아서 늘 깊이 기도하곤 했다. 곡이 빨리 떠오르지 않으면 주님께 자신의 죄에 대한 용서와 자비를 구하면서 간절히 기도했다. 그의 곡은 기쁨에 넘쳐 있는 것이 특징인

고향곡의 아버지

데, 어느 날 한 사람이 그의 음악이 어떻게 그렇게 환희로 가득 차 있고 감동적일 수 있는지 묻자 그는 이렇게 대답했다.

"저는 기도 중에 주님을 묵상할 때 굉장한 기쁨이 넘쳐나지요. 그리고는 기쁨으로 춤추는 악보들이 떠오르게 됩니다. 이때부터 펜을 움직여 그 기쁨의 영혼으로 주님을 경배하는 음악을 작곡하게 되지요. 그 기쁨이 너무도 커서 그것을 분출해 내지 않을 수 없었습니다."

그는 자신을 포함하여 모든 사람들을 돌보시는 하나님을 생각할 때마다 늘 마음이 "기쁨으로 뛰게 된다"라고 자주 말하곤 했다.

그에게는 이런 일이 있었다. 1808년 그가 작곡한 「천지창조」가 빈(Vienna)에서 연주되고 있었다. 그가 죽기 약 1년 전의 일로, 이때 그는 늙고 병약했으므로 휠체어에 실려 연주장에 입장했다. 이윽고 연주가 끝나자 연주장에 있던 모든 사람들이 열광하며 일어나 하이든이 있는 곳을 향해 감격의 박수를 쳤다. 그러자 하이든은 당황한 표정으로 "내가 아니오. 그 음악은 나로부터 나온 것이 아니라 바로 저기 나의 하나님으로부터 나온 것입니다. 나의 하나님께 영광을 돌리십시오"라고 말하면서 상반신을 일으키다가 쓰러지고 말았다.

그는 병원으로 이송되면서도 계속 이렇게 말하고 있었다.

"내가 아니오. 하나님께 영광 돌리십시오."

"나는 항상 소망을 품고 주를 더욱 더욱 찬송하리이다" (시 71:14)

말씀으로 변화된 작가

월리스
Lewis Wallace (1827-1905)

우리가 안다고 해도 다 아는 것이 아니다.

월리스는 평소에 기독교에 대해 적개심을 갖고 있었다. 그러던 어느 날 반기독교적 인물로 유명하던 잉거솔이 기독교를 반대할 수 있는 어떤 책을 써 보도록 권하자, 월리스는 그러려면 우선 기독교가 무엇인지부터 알아야겠다는 마음으로 성경을 읽기 시작했다.

그런데 그는 성경을 읽던 도중에 성경에 감화를 받게 되어 점차 생각이 바뀌어 갔다. 그는 그리스도의 생애에 대해 연구를 하면 할수록 그리스도야말로 진실로 주님이신 것이 더욱 잘 깨달아질 뿐이었다. 드디어 그는 소리쳤다.

"진실로 이분은 하나님의 아들이시다."

그 후 기독교를 반대하려고 수집한 자료로 그는 예수님의 생애를 기록한 책을 쓰게 되었는데, 그것이 바로 유명한 「벤허」이다. 이 책은 영화화되어 많은 사람에게 감동을 주었다.

"그 안에는 신성의 모든 충만이 육체로 거하시고" 골 2:9

성경이 만든 백화점 왕

워너메이커

John Wanamaker (1838-1922)

워너메이커는 주일학교 교사를 주업으로, 체신부 장관을 부업으로 여겼다.

　워너메이커는 미국에서 백화점의 창시자요 백화점 왕으로 불린다. 그는 소비자가 사갔다가 바꾸러 오는 물건은 반드시 교환해 주었으며, 이런 친절이 소문이 나면서 사업이 번창하게 되었다. 그는 "소비자는 왕이다"라는 유명한 말을 남겼다.

　독실한 신앙인이었던 그는 특히 주일학교에 관심이 많았다. 대통령은 어느 날 그가 백화점 경영에 두각을 나타내며, 또 매우 신실한 사람이라는 사실을 알고는 그에게 체신부 장관직을 맡아달라고 부탁했다.

　그러자 그는 "주일에 주일학교 교사의 일을 할 수 있도록 허락해 주셔야만 할 수 있습니다"라고 말했다.

　그는 장관이 된 후, 매주 토요일마다 고향인 필라델피아에 있는 교회에서 주일학교 교사로 봉사했다.

　하루는 누군가 이렇게 물었다.

　"워너메이커씨, 당신은 백화점 사업, 장관의 일, 그리고 기타의 일들로 바쁘실 터인데 어떻게 4,000명이나 되는 주일학교의 교장직을 감당할 수 있습니까?"

성경이 만든 백화점 왕

그러자 그는 정색을 하면서 말했다.

"무슨 말씀을 하십니까? 주일학교가 제 본업입니다. 나머지 다른 일들은 그저 부업에 불과하지요."

그는 세계 전역에 수많은 YMCA 건물을 지어주는 일에도 적극적이었는데, 우리나라 종로2가의 YMCA 건물도 워너메이커에 의해 지어진 것이다. 그는 이렇게 말한 적이 있다.

"저는 제 평생에 돈을 많이 벌었습니다. 지금 제가 가진 건물과 땅값만도 200억 달러가 됩니다. 하지만 제 소유물 중에서 가장 소중한 것은 11세 시골 소년이었을 때 산 2달러 50센트짜리 조그마한 성경입니다. 저는 이 성경 덕분에 하나님과 그리스도를 알게 되었고 오늘의 제가 있게 되었지요."

어느 날 한 사람이 그에게 그의 성공 비결을 묻자 그는 이렇게 말했다.

"45년 전에 나는 하나님의 약속은 틀림없다고 믿었지요. '너희는 먼저 그의 나라와 그의 의를 구하라 그리하면 이 모든 것을 너희에게 더하시리라' (마 6:33)라는 말씀 말입니다."

백화점 창립 60주년을 맞이했을 때 당시 83세였던 그는 이렇게 연설했다.

"저는 저의 생일인 1838년 7월 11일부터 오늘 현재까지 무려 3만 26일을 살아왔습니다. 인생이란 것은 참으로 놀랍습니다. 하나님은 우리 인간을 슬프게 하시기 위해서 이 땅에 태어나게 하신 것은 아닙니다.

성경이 만든 백화점 왕

이 세상에서 하나님이 주신 직업을 잘 행하도록 하기 위해서, 우리의 인생을 보다 가치 있게 하기 위해서, 하나님이 우리를 이 세상에 태어나게 하셨습니다. 매일 아침마다 떠오르는 태양을 바라보는 것은 나의 큰 기쁨입니다.

이 나라는 다른 나라가 번영하는 것을 진심으로 바라고 환영하고 있습니다. 결코 그들에게 장벽을 쌓아서는 안 되며, 아무리 높은 장벽을 쌓는다고 할지라도 태양빛은 장벽 뒤쪽에도 비칩니다. 세계는 평화롭게 되어야 합니다. 다 같이 하나님의 축복 아래 번영과 평화를 누려야 합니다."

그는 어릴 때는 가난한 아버지의 벽돌 공장에서 벽돌을 구우면서 자랐다. 아버지가 죽은 후에는 서점에서 일했는데, 이때 점심은 사과나 빵조각을 먹고 지냈다.

그가 어릴 때 교회로 가는 길이 비가 올 때마다 질퍽거리는데도 교인들이 관심을 보이지 않자 하루는 벽돌 공장에서 벽돌을 가져다 길을 단장한 일도 있었다. 이 모습을 보고 교인들이 마음에 찔림을 받아 전 교회적으로 그 길을 단장하였다. 그는 이처럼 어릴 때부터 남다른 면모가 있었다.

"그러므로 내 사랑하는 형제들아 견고하며 흔들리지 말며 항상 주의 일에 더욱 힘쓰는 자들이 되라 이는 너희 수고가 주 안에서 헛되지 않은 줄을 앎이니라" (고전 15:58)

백의의 천사

나이팅게일
Florence Nightingale (1820-1910)

평생 주님의 뜻만 생각하려는 나이팅게일을 주님이 크게 쓰셨다.

나이팅게일은 크림 전쟁 때 아군과 적군을 가리지 않고 수많은 군인을 치료해 주었다.

그녀는 환자들에게 죽음의 공포를 잊게 하고 생명이 조금이라도 붙어 있는 사람들에게는 생의 의지를 불어 넣어 주어 살아나도록 해 주었다. 또한 의사들조차도 치료가 불가능하다고 포기한 수많은 부상자들을 치료해서 구해 주었다. 부상당한 병사들이 바라는 것은 오히려 의사들이 치료를 포기하여 나이팅게일에게로 가는 것이었다.

그녀는 병사들로부터 '등불을 든 여성' 으로 추앙받았다. 그녀가 지나가는 곳마다 분위기는 성스럽게 느껴졌으며, 병사들은 그녀의 발자국과 그림자에 입맞춤을 했을 정도였다. 전쟁이 끝난 후 영국이 국가적인 환영식을 준비하고 있었지만, 그녀는 이름을 바꾸어 몰래 귀국했다. 영국 국민들은 처음에는 놀랐지만 곧바로 그녀의 겸손함에 다시 한 번 감복하면서 더욱 영국의 자랑으로 추앙하게 되었다.

당시 국왕이었던 빅토리아 여왕은 그녀에게 금강석을 박은 보석 훈장을 보냈고, 훗날 영국의 국왕 에드워드는 최고 훈장을 수여하였다. 귀국 후 그녀에 의해 창설된 나이팅게일 간호사양성소는 세계 각국

백의의 천사

의 모범이 되었으며, 국제적십자사에서는 「나이팅게일상(賞)」을 제정하여 매년 세계 각국의 우수한 간호사를 표창하고 있다. '나이팅게일 선서'는 간호사의 좌우명으로 유명하다. 크림 전쟁 때 이런 일화가 있다. 그녀는 전쟁 중인지라 병원이 몹시 더러운 것을 보고는 마루를 닦았다. 그러자 담당 의사가 말했다.

"시간이 있으면 좀 쉬도록 하세요."

그러자 그녀는 말했다.

"이 손은 하나님이 주신 손이지요. 제가 일을 하는 것이 아니라 하나님의 일을 내가 대신 하는 것이랍니다."

나이팅게일의 헌신적인 봉사가 세상에 널리 알려졌을 때 한 기자가 찾아와 이렇게 질문했다.

"어떻게 해서 그러한 삶을 살 수 있었다고 생각하십니까?"

그러자 그녀는 이렇게 말했다.

"오직 하나님이 나를 불러주신 그 뜻에 나를 맡기고 사는 것, 이것 하나뿐이지요."

그녀의 31세 때 쓴 일기에는 이런 말이 기록되어 있었다.

"이제 더 이상 유치한 일이나 허무한 것들은 바라지 말자. 주님, 제가 주님의 뜻만을 생각하게 해 주소서."

"예수께서 이르시되 나의 양식은 나를 보내신 이의 뜻을 행하며 그의 일을 온전히 이루는 이것이니라" (요 4:34)

목숨 걸고 성경을 번역한 사람

틴데일
William Tyndale (1492-1536)

주의 일에 목숨을 걸 수 있는 마음도 주님이 주신 선물이다.

옥스퍼드 대학에서 그리스어를 공부했던 윌리엄 틴데일은 졸업 후 성경을 영어로 번역하는 것을 자신의 필생의 과업으로 삼았다. 그의 신약성경번역은 영어 흠정역(KJV)에 90% 이상, 개정역(RSV)의 75%가 포함되어 있을 정도로 그의 번역은 영어성경에 큰 영향을 주었다. 그리고 그의 힘 있고 산뜻한 문체는 성경뿐만 아니라 일반 영어 산문의 발전에도 지대한 영향을 미쳤다.

하지만 이 번역 일은 발각되면 언제 목숨을 잃을지 모르는 위험한 상황에서 이루어진 것이다. 결국 그는 모세 오경을 비롯하여 구약 성경을 번역하던 중 발각되어 당시 국왕이던 헨리 8세에 의해 1536년 10월에 화형당하고 만다.

당시 영국법정이 관리를 보내 그의 학문을 아깝게 여겨 성경번역을 하지 않겠다고 하면 곧바로 사형이 취소될 수가 있다고 했을 때, 그는 이렇게 말했다.

"내가 살고 죽는 것은 전혀 문제가 되지 않습니다. 지금 저 밖의 밭에서 소를 모는 소년이 당신보다 성경을 더 많이 알게 될 때가 오게 될 것입니다."

목숨 걸고 성경을 번역한 학자

그는 화형을 당하기 전에 마지막으로 이렇게 말했다.

"주님이시여, 왕의 눈을 뜨게 하소서."

놀랍게도, 그의 순교가 있고 난 후 그 이듬해에 바로 헨리 8세에 의해 성경이 인쇄되어 영국 전역에 퍼져 나갔다. 틴데일은 하나님의 은혜에 대해서 이렇게 말했다.

"올바른 신앙은 인간의 환상에서 솟아나는 것이 아니다. 또한 은혜는 인간의 힘으로 얻을 수 있는 그런 것도 아니다. 그것은 전적으로 우리에게 무조건으로 부어 주시는 하나님의 순수한 선물이다. 우리는 은혜를 받을 만한 자격도 없고, 그것을 찾지 않았는데도 하나님께서는 그리스도를 통하여 이 은혜를 주신 것이다."

"너희가 그 은혜를 인하여 믿음으로 말미암아 구원을 얻었나니 이것이 너희에게서 난 것이 아니요. 하나님의 선물이라 행위에서 난 것이 아니니 이는 누구든지 자랑치 못하게 함이니라" (엡 2:8~9)

음악의 아버지

바하

Johann Sebastian Bach (1732-1809)

바하는 평생 음악으로 하나님께 영광 돌리려고 했다.

유명한 음악가 바하는 9세와 10세에 어머니와 아버지를 잃었다. 그 후 그는 음악가였던 형 집에 기거하다가 형의 가족 수가 늘어나자 15세 때 북독일로 가서 한 고등학교 장학생이 되어 종교 음악에 친숙해졌다.

그가 형 집에 있을 때 열람이 금지되어 있는 악보를 보기 위해 매일 한밤중에 일어나 달빛을 이용해서 악보를 베꼈던 일화는 유명하다.

바하는 역사상 가장 위대한 작곡가 중의 하나요, 뛰어난 오르간 연주자였다.

또한 독실한 루터교 신자였던 그는 아주 겸손하고 온유한 성품을 가지고 있었다. 그는 「우리의 하나님은 견고한 성이로다」를 비롯하여 100여 곡의 칸타타 등의 교회 음악을 작곡했다. 그래서 이때를 흔히 '교회 음악의 시대'라고 부른다.

바하는 종교 개혁이 낳은 음악계의 최고봉으로 그의 음악은 종교 개혁 당시의 문화와 기독교 정신의 산물이었다. 그는 "음악의 유일한 목적은 하나님의 영광을 위하여 인간의 영혼을 일깨우는 것이어야 한다"라고 했다.

음악의 아버지

바하는 항상 그의 악보의 첫 머리에 "예수의 도움으로", "오직 하나님께만 영광이", "예수의 이름으로"라는 말을 썼다. 이것은 단순히 종교적 장식용이라기보다는 그의 신앙고백과 같은 것이었다.

바하는 의도적으로 그의 음악을 성경의 말씀과 관련지었으며 자신의 신앙과 예술을 조화시키려 했다. 그의 아들은 바하의 모든 일상생활이 기독교와 함께 했으며 영적이지 않은 것은 아무것도 없었다고 말했다. 그는 아들이 한때 많은 빚을 지고 고향을 떠나자 이런 내용의 편지를 써서 보냈다고 한다.

"나는 단지 인내 중에 내 십자가를 진 채 내 못난 자녀를 하나님의 자비하심에 맡길 수밖에 없습니다. 하나님께서 나의 이 눈물의 기도를 들으실 것이며, 하나님의 인도하심을 깨달아 회심하게 될 줄을 믿고 있습니다."

그는 성경을 비롯하여 기독교 책들을 무척 많이 읽었다. 그가 죽었을 때 그의 서고에 있었던 80여 권의 책은 모두 기독교의 신앙과 관련된 것이었다.

그는 이렇게 말한 적이 있다.

"하나님이 .(마침표)로 찍으신 것을 당신이 ?(물음표)로 바꾸지 마라."

"너는 마음을 다하여 여호와를 의뢰하고 네 명철을 의지하지 말라 너는 범사에 그를 인정하라 그리하면 네 길을 지도하시리라"

(잠 3:5~6)

기도의 사람, 고아의 아버지

조지 뮬러
George Muller (1805-1898)

우리가 잘해서가 아니라, 자녀이기 때문에 주님께서 우리 기도를 들어주십니다.

고아들의 아버지 조지 뮬러는 돈이 없었지만 오갈 곳 없는 고아들을 불쌍하게 생각했고, 하나님의 사랑으로 그 아이들을 키우려고 했다. 그래서 그는 어렵게 주위의 도움을 받아 고아원을 세워 아이들을 양육하기 시작했다. 고아원이 세워진 후 5,6년 동안은 어려움이 계속되는 힘든 기간이었다. 그러나 그 어려웠던 시절 동안 뮬러의 인내심과 하나님을 의지하는 마음은 더욱 강해졌다.

그는 많이 힘들었음에도, 그것을 견디면서 하나님께 도와달라고 믿음을 가지고 기도를 했다. 뮬러는 먹을 것이 떨어졌다는 소리를 들으면 그 자리에서, 때로는 부엌바닥에서라도 직원들과 함께 하나님 앞에 엎드려 간절하게 기도를 했다. 그 기도는 마치 어린 아이가 자기 어머니에게 무엇을 달라고 하는 것처럼 단순하면서도 간절한 자연스러운 기도였으며, 또한 하나님을 아버지로 여기고 믿고 맡기는 기도였다.

"하나님, 우리 아이들이 모두 굶을 형편입니다. 차라리 제가 굶는 일은 참겠지만 아이들이 굶주리는 일은 견딜 수 없습니다. 주님, 주님의 아이들에게 일용할 양식을 주세요."

기도의 사람, 고아의 아버지

그러면 그 사이에 기도할 때마다 누군가 필요한 만큼의 돈을 들고 찾아와 고아원에 주고 갔다. 폭우가 쏟아지던 어느 날 아침, 고아원에는 먹을 수 있는 음식이라고는 아무것도 남아있지 않았다. 400명의 아이들과 함께 빈 식탁에 둘러앉은 뮬러는 손을 모으고 조용하게 하나님께 식사기도를 드렸다. 그리고 그의 기도가 끝났을 때, 한 대의 마차가 고아원 문 앞에 갑자기 나타났다. 그 마차에는 아침에 막 구워낸 빵과 신선한 우유가 가득했다. 근처의 공장에서 종업원들을 위한 야유회에 쓰기 위해 주문했는데, 비가 많이 와서 야유회가 취소되자, 아이들에게 주라고 고아원에 보내온 것이었다. 하나님께서 도움이 필요한 때에 정확하게 기도에 응답하신 것이었다. 이처럼 그는 가진 것이 없었지만, 하나님께서 주실 것을 믿고 기도로 구하여 고아원 운영에 필요한 모든 것을 하나님께 받았던 것이다.

뮬러는 65년 동안 이렇게 오직 기도만으로 고아원을 운영했다. 순간순간 기적적인 하나님의 도우심을 경험한 것이다. 그는 하나님께서 구하는 자에게 가장 선한 것으로 주신다는 약속을 의심 없이 믿었고, 그 약속을 하나님께선 기억하시고 응답하셨다. 아무리 기도를 많이 한다고 해도 하나님께서는 기도 그 자체가 아니라 그 사람의 중심을 보시며, 믿고 맡기며 의지하는 심령에게 응답하시는 것이다. 그것이 바로 뮬러의 5만 번 이상의 기도응답의 비결은 아닐까?

"그러므로 내가 너희에게 말하노니 무엇이든지 기도하고 구하는 것은 받은 줄로 믿으라 그리하면 너희에게 그대로 되리라"

(막 11:24)

삶으로 예수를 증거한 의사

하워드 켈리
Howard Atwood Kelly (1858-1943)

하워드 켈리는 자신이 받은 달란트를 온전히 하나님의 일을 하는데 사용하려고 노력했다.

유명한 의학자였던 하워드 켈리는 의과 대학을 졸업하는 날 밤, 이 같은 내용의 일기를 썼다.

"주님이시여, 제 자신과 제 시간, 능력, 그리고 열정을 주님께 바치나이다. 제가 당신의 도구로 사용되기를 원하오니, 저를 깨끗이 씻어 주시며, 제가 주님께 가까이 가는 것을 방해하는 것이 있다면 이 세상에서 어떠한 성공이라도 거두지 않도록 해 주옵소서."

나중에 세계적인 의과대학인 존스 홉킨스 대학의 설립에 동참했던 그는 그 대학에서 교수로 일하면서 전도에도 열심을 다했다. 지금 존스 홉킨스 병원은 미국에서 최고의 병원이 되어 있다. 그는 늘 물음표(?)가 있는 단추를 달고 다녔으며 또 그것들을 사서 사람들에게 많이 나누어 주었다. 이를 의아하게 생각한 사람들이 어느 날 그 이유를 물었다.

"켈리 박사님, 그 물음 표시는 무엇을 의미합니까?"

그러자 켈리는 되물었다.

"인생에서 무엇이 가장 중요합니까?"

학생들은 대답했다.

삶으로 예수를 증거한 의사

"건강입니다."

"돈입니다."

학생들이 이런저런 대답을 하면 켈리는 이렇게 말했다.

"아니오, 이 세상에서 가장 중요한 것은 '당신은 예수 그리스도에 대해 어떻게 생각하십니까?' 라는 질문입니다."

그리고는 이어서 그는 그들에게 복음을 증거했다. 그는 또 늘 양복에 장미꽃을 꽂고 다녔는데 꽃이 잘 시들지 않고 오래갔다. 이를 신기하게 여긴 학생들이 어떤 특별한 비결이라도 있는지를 물었다. 그러자 그는 빙그레 웃으며 양복을 뒤집어 보여주었다. 그곳에는 조그마한 물병이 있었던 것이다. 이때 그는 인간에게는 생명수 되신 그리스도가 계셔야 함을 말했다.

그는 유명한 의사이기도 했지만, 또한 많은 성경 공부 및 신학 공부를 한 것으로 알려져 있다. 그는 이렇게 말한 적이 있다.

"나는 성경이 하나님의 말씀임을 믿으며, 예수 그리스도가 성령에 의해 잉태된 하나님의 아들이심을 믿는다. 나는 모든 사람이 태어날 때부터 단 한 사람의 예외도 없이 죄인이며 하나님 자신이 이 세상에 오셔서 십자가에서 피를 흘려주심으로써 죄인들을 구원해 주셨음을 믿는다. 내가 성경을 믿는 가장 큰 이유는 성경이 다른 인간의 책에는 없는 방법으로 의사인 나의 영적 상태를 진단해주고 밝혀주기 때문이다."

"너는 말씀을 전파하라 때를 얻든지 못 얻든지 항상 힘쓰라 범사에 오래 참음과 가르침으로 경책하며 경계하며 권하라" (딤후 4:2)

인생을 모두 드린 선교사

리빙스턴
David Livingstone (1813-1873)

주의 약속은 그 무엇보다도 우리에게 신뢰를 준다.

영국의 한 시골 교회에서 아프리카 의료선교를 위해 특별헌금을 드리고 있었다. 헌금 주머니가 소년 앞에 오자 그는 몸을 떨면서 헌금 주머니를 손으로 잡은 채 큰소리로 말했다.

"제게는 바칠 헌금이 없습니다. 하지만 그 대신 제 몸을 바쳐 주님을 위해 열심히 살도록 하겠습니다."

소년은 이때부터 교회 일에 열심이었고 모범적인 생활을 했다. 그는 고학으로 글래스고 대학에서 그리스어, 신학, 의학을 배웠으며, 1840년 의료 선교사로 아프리카에 파견되었다.

그의 이름은 리빙스턴이다. 그의 사역은 선교 분야 뿐만 아니라 일반 분야에 있어서도 나이아가라 폭포의 2배나 큰 규모의 빅토리아 폭포를 발견하는 등 아프리카 연구에 역사상 큰 유익을 주었다.

백인 혼자서 아프리카 밀림 속을 탐험하며 흑인들에게 복음을 전하는 것은 목숨을 건 일이었다. 하지만 그는 늘 하나님의 말씀을 붙들고 그 어려움을 극복했는데, 그것은 "내가 세상 끝날까지 너희와 항상 함께 있으리라 하시니라"(마 28:20)는 말씀이었다.

그는 어려움이 닥칠 때마다 성경을 꺼내어 손가락으로 이 말씀을

인생을 모두 드린 선교사

가리키면서 "그렇다. 예수 그리스도는 반드시 그의 약속을 지키는 분이다. 나의 주님은 그 약속의 말씀대로 반드시 나와 함께 하신다!" 라고 했다.

리빙스턴은 18년간 아프리카에서 선교를 하던 중 잠시 고국인 영국에 나온 적이 있었다. 그는 27회나 열병에 걸렸으며, 사자에게 왼팔을 물린 상태였다. 그는 강연을 하면서도 이렇게 말했다.

"고통과 어려움의 한복판에 서 있어도 제게 용기를 준 것이 있었는데, 이는 '내가 세상 끝날까지 너희와 항상 함께 있으리라' 라고 하신 주님의 말씀입니다."

한번은 그가 원시림 속에서 길을 잃고 큰 고통을 당할 때 우연히 발밑에 있는 이끼를 발견하고는, 하나님께서 이렇게 미미한 식물에게도 빛을 주시고 이슬을 내려 주어 보호해 주시는데 하나님을 위해 섬기려고 그곳까지 온 자신을 잊지는 않으실 것으로 생각하고 용기를 낸 적이 있다. 아프리카에서 그의 시체가 발견되었을 때, 그는 기도하는 모습이었으며, 그 옆에는 그가 죽기 직전에 기록한 일기장이 있었다. 그 마지막 일기문에는 다음과 같이 기록되어 있었다.

"나의 왕이시여, 내 몸을 온전히 주님께 드리옵니다."

영국 정부는 영국인들 가운데 큰 업적을 남긴 사람들이 묻히는 웨스트민스터 교회에 그의 유해를 묻도록 하면서 그의 심장만큼은 떼내어 아프리카 땅에 묻히도록 함으로써 그의 아프리카에 대한 사랑을 기렸다.

리빙스턴이 아프리카 선교에 큰 공헌을 할 수 있었던 것은 그의 성

인생을 모두 드린 선교사

품과 사랑에서 우러나온 감화력 때문이었다. 한 번은 심한 가뭄으로 인해 토인들이 고생하자 그는 수로를 만들어서 도와주기도 했다. 이에 감동한 추장이 "마을을 보호해 주는 하나님의 집을 만들자"라고 하면서 그를 위해 학교를 세워 주었다.

그는 생전에 이런 말을 남겼다.

"사람들은 내가 아프리카에서 내 생의 대부분을 보냈다는 사실을 가리켜 헌신이라고 말하지만, 저는 단 한 번도 헌신이라고 생각해 본 적이 없습니다.

우리를 위해 십자가에 높이 달려 돌아가신 주님의 은혜를 생각하면 우리는 헌신이라는 말을 감히 쓸 수가 없습니다. 그러한 말과 생각은 완전히 버려야 합니다. 그것은 결코 헌신이 아니라, 특권이라고 표현하는 것이 옳을 것입니다."

"그러므로 형제들아 내가 하나님의 모든 자비하심으로 너희를 권하노니 너희 몸을 하나님이 기뻐하시는 거룩한 산 제사로 드리라 이는 너희의 드릴 영적 예배니라" (롬 12:1)

재미있는 글

EPISODE

　리빙스턴처럼 복음을 위해 가족과 편안한 생활을 등지고 다른 나라로 가는 사람들을 지탱해주는 힘은 무엇인가?

　리빙스턴 자신이 그 질문에 대한 답을 해 주었다. 아프리카에서 16년을 섬긴 후 스코틀랜드로 돌아온 그는 글라스고우 대학에서 강의를 해달라는 부탁을 받았다.

　그때 그의 팔 하나는 아프리카에서 사자의 공격을 받아 이미 쓸 수 없게 된 상태였다. 그리고 스물일곱 번이나 열병을 앓은 그의 몸에는 고통의 흔적이 역력했다. 전혀 도움이 되지 않았던 노예상인들과 터키인들과의 싸움 때문에 고달픈 삶을 살아온 그의 얼굴은 햇볕에 그을리고 깊은 주름이 파여 있었다. 그의 이야기를 들으며 그가 평범한 사람이 아니라는 것을 감지한 학생들은 침묵에 사로잡혔다.

　"내 나그네의 삶이 가져다준 외로움과 고통과 어려움 속에서 나를 붙들어준 힘이 무엇인지 아십니까?"라는 질문으로 강연을 시작한 그는 스스로 대답했다.

　"그것은 약속이었습니다. 가장 고결한 영광을 지닌 귀하신 예수 그리스도의 '볼찌어다. 내가 세상 끝날까지 너희와 항상 함께 있으리라' 라고 하신 바로 그 약속이었습니다."

　그가 세상을 떠났을 때, 그는 침대 옆에 기대어 무릎을 꿇고 기도하는 모습으로 발견되었다고 한다. 그리고 그의 옆에는 마태복음 28장이 펼쳐져 있는 손때 묻은 작은 신약성경이 놓여 있었고, 20절 옆의 여백에는 "존귀하신 분의 말씀" 이라는 메모가 적혀 있었다고 한다.

　　　　　　　　　　　— 「하나님께 목숨 건 사람들」 헤럴드 살라

신앙 위인들의 공통점은?

1. 자기 자랑을 하지 않고 이룬 업적에 대해 하나님께 영광을 돌렸다.

2. 그 어떤 것보다도 하나님을 우선으로 여겼다.

3. 살아계신 하나님께서 항상 자신을 지켜보신다는 것을 인식하며 살았다.

4. 어려움이 닥치면 포기하지 않고 기도하며 주님을 의지했다.

주님을 만나 다시 일어선 사업가

페니

James Cash Penny (1875-1971)

예수를 만나지 않았다면, 그것은 인생에 실패한 것이다.

페니 연쇄점은 미국에서 2,000개 이상의 지점을 가진 미국 굴지의 회사다. 페니가 젊었을 때 미주리주 해밀턴에 있는 잡화점에 근무한 적이 있었다. 그 상점 주인은 커피를 속여 팔고 있었는데, 페니는 저녁 식탁에서 이 사실을 재미있게 이야기했다. 그때 그의 아버지는 그런 상점에 근무해서는 안 되는 것을 가르치고는 당장 상점에서 나오도록 했다.

사실 당시 해밀턴에는 일자리가 많지 않았지만 그의 아버지는 아들이 실직할지언정 아들의 마음이 삐뚤어지는 것을 원치 않았다.

결국 페니는 정직하게 사업을 하여 미국 최고의 상인이 되어 상인의 왕자라는 칭호까지 얻게 된다. 1929년 경제 대공황의 여파로 그는 당시 4,000만 달러가 되던 그의 전 재산이 파산된 적이 있었다. 그는 깊은 절망감에 빠졌고 이로 인해 병까지 들어 병원에 갔지만 병원비까지 없었다. 병원에 있던 어느 날 그는 아무래도 죽게 될 것 같아 유언을 써놓고 잠을 잤다.

그런데 그는 죽지 않았고 다음날 아침 눈을 뜨게 되었다. 그때 마침 병원 복도 끝에서 그가 잘 아는 찬송가가 들려 왔다.

주님을 만나 다시 일어선 사업가

"너 근심 걱정 말아라 주 너를 지키리…."

그는 자신도 모르게 찬송가가 흘러나오는 예배실로 가서는 그곳에서 간절히 기도했다.

"주님, 제 능력으로는 어떻게 할 수 없습니다. 주님 저를 도와주옵소서."

"나는 그 이전에는 사실 주님을 영접치 않았고 내가 피땀을 흘려서 번 돈이므로 내 마음대로 쓸 권리가 있다고 여겼습니다. 하지만 결국 실패하고 말았고 내가 다시 그리스도 안에서 새사람이 되어 하나님과 이웃을 위해 봉사하는 마음으로 사업을 한 결과 다시 훌륭한 기업가가 될 수 있었습니다."

그때부터 페니는 주님만 섬기는 그리스도인이 되었고 사업도 다시 번창 되어갔다.

그는 "너희가 대접을 받고자 하는 대로 남을 대접하라"라는 성경 말씀을 사업과 생활의 표어로 삼았으며, 최고의 품질 보증, 친절한 서비스를 내세우는 영업을 해 나갔다.

페니는 아버지의 신앙으로부터 영향을 많이 받았다. 그는 아버지에 관해 이렇게 말했다.

"나는 어릴 때부터 아버지에게서 철저한 성경 교육을 받았으며 그것이 나의 성격 형성에 큰 유익을 주었다. 아버지는 우리에게 성경을 많이 읽도록 하고 또 암송하도록 하셨다. 아버지는 가정과 농장에서의 일상생활을 성경에 기록된 여러 장소와 내용에 잘 비유하여 설명해 주셨다."

주님을 만나 다시 일어선 사업가

그는 이런 말을 남겼다.

"돈을 많이 벌었을지라도 인생의 실패자일 수가 있다."

"나는 전 재산이 없어져도 고민하지 않을 것이다. 고민해도 아무런 소용이 없기 때문이다. 나는 최선을 다할 뿐 그 결과는 하나님께 맡긴다."

"너의 길을 여호와께 맡기라 저를 의지하면 저가 이루시고 네 의를 빛같이 나타내시며 네 공의를 정오의 빛같이 하시리로다"

(시 37:5~6)

신앙을 붓으로 표현한 화가
렘브란트
Rembrandt Harmenszoon van Rijn (1606-1669)

위대한 화가 렘브란트는 자신의 신앙고백을 담아 작품을 그렸다.

렘브란트는 17세기 최고의 화가 중 하나다.

그는 한때 화가로 인기가 있었지만, 얼마 있지 않아 그의 내면적이고 종교적인 그림이 일반 사람들에게 좋은 반응을 얻지 못해 세인의 관심에서 멀어져 갔다.

마침내 그의 전 재산은 파산당하게 되고 아내와 딸이 죽는 등 거듭된 불행을 겪다가 그가 죽었을 때 그의 임종을 지켜보는 사람이 없을 정도로 비참했다. 하지만 17세기의 화가들 대부분은 그의 영향을 받았으며, 그가 죽은 지 약 100년 후에는 화가로서의 그의 위대함이 알려지기 시작했다.

오늘날에는 "렘브란트라고만 하면 된다. 렘브란트는 바로 그림 자체이니까"라는 말이 있을 정도로 그는 위대한 화가로 인정받고 있다. 유명한 화가 리베르만은 렘브란트를 가리켜 신(神)이라고 하면서 렘브란트 당시에 활동하던 화가 프란스 할스와 비교해서 이런 말을 했다.

"프란스 할스의 그림을 보면 그림을 그리고 싶은데, 렘브란트의 그림을 보면 그림을 그만두고 싶다."

신앙을 붓으로 표현한 화가

그는 철저한 크리스찬이었다. 그에게 있어서 모든 자연은 하나님의 창조물로 여겨졌다. 또한 그는 성경의 진리에 근거하여 인간의 내면을 깊이 있게 묘사했다.

인간은 위대한 존재이지만 동시에 하나님께 반역하여 타락하고 포악해졌다고 그는 믿었던 것이다.

그의 유명한 그림 가운데는 「십자가」라는 것이 있다. 십자가에 못 박히신 예수님이 있고 그 아래 군중이 그려져 있으며 한 가장자리에서 화가의 푸른 베레모를 쓴 어떤 사람이 십자가에 달린 예수님을 들어올린다.

그는 생전에 이 사람이 다름 아닌 바로 자신이라고 말했다. 예수님이 십자가에 못 박혀 돌아가신 것은 바로 자신의 죄 때문이었음을 깊이 깨닫고 있었던 그는 그림을 통해 자신의 신앙을 고백하고자 했던 것이다.

"내가 그리스도와 함께 십자가에 못 박혔나니 그런즉 이제는 내가 산 것이 아니요 오직 내 안에 그리스도께서 사신 것이라"

(갈 2:20)

함께 하심을 믿은 대통령
트루먼
Harry Shippe Truman (1884-1972)

하나님은 당신을 의뢰하는 자의 든든한 후원자가 되어주신다.

트루먼은 제2차 세계대전이 막바지에 이른 매우 위기의 때에 미국의 제33대 대통령이 되었다. 그는 취임 방송 연설의 말미에 이렇게 말했다.

"하나님의 도우심으로 백성을 올바로 다스릴 수 있는 지혜를 주옵소서."

이것은 구약 성경에 있는 솔로몬의 기도를 인용한 것이었다. 그는 역대 많은 미국 대통령들이 그러했듯이 신앙으로 국가를 다스리고자 했던 것이다.

대통령직에서 은퇴한 후에 고향에서 지내고 있을 때 그에게 몰려왔던 동네 아이들과 나누었던 대화는 그의 신앙을 잘 드러내 준다.

"대통령께서는 제 나이 때에 아주 인기도 많고 늘 반장도 하셨겠지요?"

"아니, 그 반대야. 재주도 없었고 운동도 못했고 누가 조금만 큰 소리를 쳐도 겁을 잔뜩 집어 먹는 심약한 겁쟁이였지."

아이들은 눈을 휘둥거리며 다시 물었다.

"그런데 어떻게 대통령이 될 수 있었나요?"

함께 하심을 믿은 대통령

"그것은 하나님이 함께 하시면 못할 일이 없다는 성경 말씀을 믿었기 때문이야. 난 말이야 재능은 없었지만 하나님이 함께하심을 믿고 모든 일에 포기하지 않고 항상 노력했어. 난 늘 내 등 뒤에 하나님이 계신다고 믿었지."

트루먼은 이렇게 말하면서 자신의 등을 내밀면서 보여주는 것이었다.

"두려워 말라 내가 너와 함께 함이니라 놀라지 말라 나는 네 하나님이 됨이니라 내가 너를 굳세게 하리라 참으로 너를 도와주리라 참으로 나의 의로운 오른손으로 너를 붙들리라" (사 41:10)

영국의 양심

윌리엄 윌버포스
William Wilberforce (1759-1833)

윌버포스의 양심에는 하나님의 도장이 찍혀있다.

　　윌버포스는 잉글랜드 요크셔에서 출생했다. 그는 케임브리지대학교를 졸업하고, 1780년 대학동창인 소(小) W. 피트와 함께 하원의원에 당선되어 의회개혁에 힘을 썼다.

　　1784년경부터 I. 밀너를 통해서 복음주의의 영향을 받아 형법개정에 힘을 기울이는 한편, 국민의 도덕적 교화를 위한 조직인 '선언협회(Proclamation Society)'를 설립하였다. 1787년 노예무역 폐지운동의 지도자가 되어 1807년 노예무역 폐지법을 성립시켰다. 박애주의적인 개혁을 추구하는 복음주의자그룹의 중심인물로서 해외선교운동에서도 크게 활약하였다. 그가 죽던 1833년 영국 전역에서 노예제도가 폐지되었다.

　　1787년 10월 28일, 28세의 영국의 젊은 하원의원 윌리엄 윌버포스는 자신의 일기장에 이렇게 썼다.

　　"전능하신 하나님께서는 내 앞에 두 가지의 큰 목표를 두셨다. 하나는 노예무역을 폐지하는 것이고, 다른 하나는 인습을 개혁하는 것이다."

영국의 양심

　탁월한 정치인이요, 부유한 요크셔 상인의 아들이었던 윌버포스는 자신의 이 비전이 당시 영국 사회에 가져 올 파문을 잘 알고 있었다. 노예무역은 그야말로 구조적인 악이었다. 왜소한 체구의 윌버포스는 150번이나 되는 대(對) 의회 논쟁을 통해서 영국이 진정으로 위대한 나라가 되고자 한다면 하나님의 법을 따라야 한다고 주장하며, 기독교 국가를 자처하는 영국이 황금에 눈이 멀어 노예 제도를 고집하면 살아남지 못할 것이라고 경고했다. 암살 위협과 중상모략, 비방에 시달리면서도 윌버포스는 자신의 소신을 굽히지 않았고, 시간이 흐르면서 영국의 수많은 뜻있는 목사들과 평신도 지도자들의 도움을 받으며 외롭고 기나긴 싸움을 버텨 나갔다.

　1833년 7월 27일, 윌버포스가 하나님 앞에서 뜻을 세운 지 56년 만에 드디어 영국 의회는 노예 제도를 영원히 폐지하는 법안을 통과시켰다. 그는 또한 노예무역 폐지라는 큰 명제를 실천해 나가는 과정에서 타락한 영국 사회 곳곳을 개혁해 나갔다. 가난한 사람들의 피를 빨아먹는 복권 제도를 20년에 걸친 의회에서의 공방 끝에 폐지했고, 가난한 이들이 병이 들었을 때 무상으로 치료받을 수 있는 병원을 정부 예산으로 설립하게 하였다. 그리고 그는 노동자들의 과다한 노동 시간을 제한시키고, '어린이 노동보호법'을 통과시키는 데에도 큰 기여를 했다.

　가난의 근본적인 원인을 타개하기 위해서 무조건적인 구제보다는 직업 교육을 하고, 취업을 알선하는 제도를 정부가 구체적으로 실행하게 했고, 영국의 야만적인 형벌 제도를 대폭 개정했다.

영국의 양심

가난한 자들도 합리적인 재판 과정을 거칠 수 있게 했으며, 형벌 제도에 있어서 벌보다는 갱생(更生)에 초점을 두게 했다. 또한 상류 사회 남자들의 결투 제도 폐지에 앞장섰고, 호화 파티만 일삼던 귀부인들에게도 복음을 전해 이들이 여가시간을 사회봉사에 쏟도록 했다.

그는 오늘날 영국의 양심으로 기억되고 있다. 그의 영향으로 영국의 젊은 국회의원 3분의 1이 복음주의 기독교인이 되었다. 그의 생애는 깊은 영성과 실력을 갖춘 평신도의 영향력이 얼마나 클 수 있는가를 잘 보여준다. 그는 총체적 부패 속에서도 의와 양심을 포기하지 않은 지도자의 모범을 보였다.

"지혜 있는 자는 궁창의 빛과 같이 빛날 것이요 많은 사람을 옳은 데로 돌아오게 한 자는 별과 같이 영원토록 비취리라" (단 12:3)

하나님 편에 선 대통령

링컨
Abraham Lincoln (1809-1865)

하나님을 섬기는 사람은 불의를 용납하지 않는다.

미국에서 늘 예수님 다음으로 인기가 있는 링컨은 독실한 신앙인이자 기도의 사람이었다.

그는 평소 이렇게 말했다.

"나는 어려울 때마다 무릎을 꿇고 기도를 한다. 나는 특별한 지혜가 없지만 기도를 하고 나면 특별한 지혜가 머리에 떠오르곤 했다."

그는 남북 전쟁 때 이렇게 말했다.

"나는 몇 번이고 무릎 꿇고 기도하지 않을 수 없었다. 그것 외에 어떻게 할 수 없다는 것을 믿었기 때문이다. 나 자신의 지혜로, 또 주위의 모든 사람의 지혜로써 그러한 사태에 대처하는 것은 불충분하다고 생각했던 것이다."

이런 일화도 있다.

북군이 처음에 패배를 당하자 모여서 기도를 드렸다.

"하나님, 우리 편이 되어 주셔서 북군이 승리하게 해 주옵소서."

그러자 링컨은 이렇게 기도하라고 했다.

"하나님이 북군 편에 서서 승리하게 해달라고 기도하지 말고 북군이 하나님 편에 서게 해달라고 기도하라."

하나님 편에 선 대통령

링컨은 아주 정직했던 것으로 알려져 있다. 24세 때 일리노이 주의 뉴 샬렘(New Salem)에서 우체국장으로 근무한 적이 있다.

당시 주위 사람들은 그를 가리켜 '정직한 에이브'(Honest Abe)라고 불렀을 정도로 그는 정직한 사람으로 정평이 나 있었다.

1836년 뉴 샬렘 우체국이 문을 닫게 되자 정부 관리가 와서 점검을 하였다. 그 관리는 그에게 17달러가 착오가 생겼으며 그 돈을 정부에 지불해야 한다고 통보했다.

링컨은 다른 방으로 들어가 오래된 트렁크 하나를 열어서 끈으로 묶은 누렇게 바랜 천 조각을 꺼냈다. 그리고는 그 천을 펼쳐서 보여 주었다. 거기에는 정확하게 17달러가 있었다. 그리고는 말했다.

"나는 내 것이 아니면 누구의 돈에도 손을 대지 않습니다."

또한 그는 장사를 하면서 거스름돈 1센트를 덜 준 사실을 나중에 알고는 그 이튿날에 시간을 내어 3마일을 걸어서 돈을 되돌려 주면서 실수를 사과하기도 했다.

링컨이 주 의회 의원으로 출마했을 때의 일이다. 그때 당에서 200달러를 링컨에게 지원해 주었다. 선거 결과 링컨이 당선되었다. 링컨은 곧바로 199달러 25센트를 편지와 동봉하여 당으로 되돌려 보냈는데, 그 내용은 다음과 같다.

"선거 기간 중에 말을 타고 다니면서 운동을 했으므로 선거비용이 일절 들지 않았음. 길 가다가 노인을 만나 음료수를 대접한 돈 75센트를 제외한 나머지 돈을 다시 당에 반납함."

링컨의 이 정직성에 감동하여 당은 차기 대통령 후보에 링컨을 내

하나님 편에 선 대통령

세우기로 만장일치로 가결했다. 그리고 그는 대통령 선거에 나가서 당선되었다. 정직이 링컨의 최고의 재산이었다.

링컨은 정의감 또한 투철했던 사람으로 유명하다. 그가 대통령이 되기 전, 변호사 일을 하고 있었을 때였다.

어느 날 한 사람이 그에게 찾아와 변호를 의뢰했다.

그런데 그 사람이 하는 이야기를 다 듣고 나더니 링컨은 그를 깜짝 놀라게 하는 말을 하였다.

"난 당신을 위해 변호해 드릴 수 없겠군요. 당신이 잘못을 저질렀고 상대방이 옳은 것이 분명해 보입니다. 오히려 그분께 찾아가 보상을 해드리고 용서를 구하십시오."

그러자 그 사람이 불쾌한 듯 언성을 높이며 말했다.

"누가 옳고 그른가 하는 것은 당신이 관여할 문제가 아니오. 당신은 이 사건을 맡아 내가 이기도록 해주고 돈만 받으면 될 것 아니오?"

"내 일은 잘못을 변호하는 것이 아니라 정의를 변호하는 것입니다. 명백한 잘못은 변호해 드릴 수 없습니다. 정의가 승리해야 합니다."

"보수가 적어서 그렇게 말씀하시는 것입니까?"

"천만에요. 불의를 위해서는 어떠한 경우에라도 일할 수 없습니다."

링컨의 위대성은 다음의 일화에서도 잘 드러난다. 대통령에 출마했을 때, 스탠턴이란 사람은 그를 맹공격했다. 그는 링컨을 가리켜 무식한 말라깽이라느니, 대통령으로서의 자질이 부족하다느니, 턱수염을 기른 모습을 두고 고릴라를 보려거든 아프리카에 갈 필요 없이 일

하나님 편에 선 대통령

리노이 스프링필드에 가서 링컨을 보면 된다느니 하는 등의 악평을 퍼부었다.

하지만 링컨은 대통령에 당선되었고, 주위 측근들의 반대에도 불구하고 그를 국방장관으로 임명했다. 이때 그는 이렇게 말했다.

"적은 죽인다 해도 없어지지 않는다. 복수를 하면 더 많은 적이 생긴다. 적을 완전히 없애는 길은 친구로 만드는 길뿐이다."

링컨이 후에 암살당해 죽었을 때 스탠턴은 누구보다도 그의 죽음을 슬퍼하면서 이렇게 말했다.

"여기 인류 최대의 지도자가 누워 있다."

링컨은 자신의 모든 것이 어머니 영향 때문이라고 늘 말했다. 그의 어머니 낸시는 아들이 겨우 말문을 열게 될 무렵부터 매일 성경을 읽어 주었다.

링컨이 아홉 살 때 그녀는 죽으면서 어머니가 죽더라도 성경을 읽으라고 유언했다.

링컨의 어머니가 죽은 후에 새로운 어머니가 왔는데, 다행인 것은 그녀 역시 낸시 못지않게 철저한 신앙인이었으며 링컨을 친자식 이상으로 잘 돌보아 주었다는 것이다.

그래서 링컨이 어머니에 대해서 언급할 때, 때로는 누구를 언급하는지 모를 정도로 두 어머니를 동일하게 여겼다.

링컨은 그의 어머니에 대해 이렇게 회상했다.

"어린 시절 아직 읽기조차 잘 할 수 없었을 때, 나는 어머니께서 날마다 읽어 주시던 성경 말씀을 들으며 자랐다. 난 그 말씀들을 마

하나님 편에 선 대통령

음속에 간직하였고 그 말씀 속에는 어머니의 육성이 그대로 담겨 있다. 그리고 어머니의 기도 소리는 오막살이 통나무집 전체에 깔려있었다. 집안뿐만 아니라, 들에서 일할 때, 내가 성장하여 직장에서 일할 때, 어머니의 기도 소리는 내 주위에서 떠나지 않았다."

링컨은 노예 해방을 이룬 후에 이 노예해방에 앙심을 품은 배우 윌크스(Wilkes)에 의해 살해되었다.

그의 장례식에 참석한 한 흑인 부인은 자신의 어린 아이가 군중들 때문에 운구 행렬을 잘 보지 못하자 아이를 높이 치켜 올리며 외쳤다.

"얘야, 저 분을 보아라. 너를 위해 죽으신 분이란다."

링컨은 성경에 대해서 이렇게 말했다.

"나는 성경이 하나님께서 인간에게 주신 최상의 선물이라고 믿는다. 이 세상의 온갖 유익한 것들은 이 책을 통해서 우리에게 온다."

"의인을 위하여 죽는 자가 쉽지 않고 선인을 위하여 용감히 죽는 자가 혹 있거니와 우리가 아직 죄인 되었을 때에 그리스도께서 우리를 위하여 죽으심으로 하나님께서 우리에게 대한 자기의 사랑을 확증하셨느니라" (롬 5:7~8)

하나님이 쓰신 작가
스토우

Harriet Beeher Stowe (1811-1896)

일을 행하시는 분은 하나님이시다.

미국의 여류작가 스토우가 저술한 「톰 아저씨의 오두막」은 미국의 노예제도에 지대한 영향을 주었다. 그녀는 흑인노예들의 비참한 생활을 목격하고는 기독교인의 눈으로 이 책을 저술했는데, 출판 후 1년 만에 30만 부나 팔리게 된다. 이 책은 링컨에게도 영향을 주었는데, 만일 링컨이 이 책을 읽지 않았더라면 흑인 노예 해방을 이루지 못했을 것이라고 하는 말이 있었을 정도다. 남북 전쟁이 끝난 후 링컨은 스토우 여사와 만난 일이 있다. 링컨은 믿기지 않는다는 표정으로 그녀를 살펴보았다. 왜냐하면 당시 흑인을 옹호하는 사람들은 백인 우월단체인 KKK 단의 잔인한 보복을 당했으므로 그녀가 강인한 모습을 하고 있으리라고 생각했는데 그녀는 너무도 가냘픈 모습을 하고 있었기 때문이다. 링컨이 자신을 보고 왜 놀라게 되었는지를 알게 된 스토우 여사는 정색을 하면서 말했다.

"각하, 그 소설은 제가 쓴 것이 아닙니다."

"……."

링컨은 스토우 여사 말고 진짜 저자가 따로 있었단 말인가 하고 깜짝 놀랐다.

하나님이 쓰신 작가

"저자는 바로 하나님이십니다. 노예 제도를 보고 하나님께서 진노하셔서 쓰신 것입니다. 저는 그저 하나님의 도구였으며 서기였을 뿐입니다."

링컨은 그녀의 신앙에 다시 한 번 놀랐다. 그러자 스토우 여사는 링컨에게 농담으로 말했다.

"대통령께서도 별로 무서운 모습이 아니시네요?"

"허허, 무슨 말씀이신지요?"

"저는 대통령께서 남북전쟁을 치러 승리할 정도라면 매우 무서운 분으로 알았거든요. 그런데 막상 뵙고 보니 그게 아닙니다."

"제가 미남처럼 보입니까?"

"귀신마저 놀라 도망칠 만한 분인 줄 알았는데……. 무척 인자해 보이시군요. 아니, 인자하십니다."

이번에는 대통령이 정색을 하면서 말했다.

"저는 단 한 번도 노예 해방을 제가 시켰다고 생각지 않았습니다. 하나님이 행하신 정의와 사랑의 일이었습니다. 저는 다만 하나님의 작은 도구에 불과했을 뿐입니다."

스토우 여사는 자신이 준비해 간 선물용 책을 링컨에게 건넸는데, 그 책 표지 안에는 이런 글귀가 씌어 있었다.

"사랑이 있는 곳에 하나님이 계십니다."

"내가 새벽 날개를 치며 바다 끝에 가서 거할찌라도 곧 거기서도
주의 손이 나를 인도하시며 주의 오른손이 나를 붙드시리이다"

(시 139:9~10)

기독교 휴머니즘 작가
톨스토이
Lev Nikolaevich Tolstoi (1828-1910)

믿음은 사람을 변화시킨다. 톨스토이 역시 마찬가지였다.

톨스토이는 어려서 부모를 잃고 친척 집에 지내는 불운을 겪었다. 그리고 작은 회색 눈, 두꺼운 입술, 넓적한 코, 긴 팔다리 등 너무도 못생긴 나머지 무척 고민했었다.

그는 자신의 책에서 어린 시절을 회상하면서 하나님이 이런 자신의 못난 모습에 기적을 베푸심으로써 아름답게 만들어 주기를 기도한 적이 있음을 기술했다.

하나님이 그렇게 해주시기만 하면 그는 자신의 현재와 미래의 모든 것을 다 바치겠다고 했다. 그리고 그의 글씨는 얼마나 악필이었던지 사람들은 그를 가리켜 '사람 잡아먹는 귀신' 이라는 뜻의 '오거' (Ogre)라고 부르기도 했다. 하지만 훗날 그는 참된 미(美)란 외적인 것이 아니라 내적인 것임을 깨닫고 열등의식을 갖지 않게 되었으며, 고향의 순박한 크리스찬들의 모습에서 신앙의 참 의미를 깨달았으며 「부활」을 저술하는 등 기독교 휴머니즘적 삶을 살았다. 그는 자신이 어떻게 변화되었는가에 대해서 이렇게 밝힌 적이 있다.

"제게 믿음이 들어온 지가 5년이 되었습니다. 나는 예수님의 말씀을 믿었으며, 그분으로 말미암아 나의 삶 전체가 바뀌게 되었습니다.

> 기독교 휴머니즘 작가

이전에 내가 원하던 것을 원하지 않게 되고, 원하지 않던 것을 원하게 되었습니다. 그리고 이전에 나의 눈에 선으로 보였던 것이 악으로 보이며, 악으로 보였던 것이 선으로 보이게 되었습니다."

그는 소설뿐만 아니라 많은 우화도 남겼는데, 그 가운데는 이런 것이 있다. 한 사람이 맹수에게 쫓겨 도망치다가 그만 절벽에서 떨어지고 말았다. 하지만 다행스럽게도 그는 떨어지다가 낭떠러지의 나무뿌리를 간신히 붙잡을 수 있었다. 아래를 내려다보니 큰 악어들이 입을 벌리고 있는 대해(大海)가 있었다.

설상가상으로 쥐새끼 두 마리가 그 사람이 잡은 나무뿌리를 갉아먹고 있었다. 그런데 옆을 보니 작은 화초에 꿀이 고여 있었다. 그는 그 꿀을 먹으려고 애쓰고 있었다. 위기에 처해 있으면서도 바로 눈앞에 보이는 쾌락에 집착하고 있는 인간의 모습을 풍자한 우화다.

그는 이런 말을 했다. "어디서든지 하나님을 본 사람은 없다. 하지만 우리가 서로 사랑하면 하나님은 우리들의 가슴에 머문다."

"나는 하나님을 믿는다. 하나님은 내게 영이시며, 사랑이시며, 만물의 창조주시다. 나는 내가 하나님 안에 있듯이, 하나님 또한 내 안에 살아계심을 믿는다. 나는 하나님의 뜻을 실현하는 데 인간의 행복이 있음을 믿는다."

"누구든지 그의 말씀을 지키는 자는 하나님의 사랑이 참으로 그 속에서 온전케 되었나니 이로써 우리가 저 안에 있는 줄을 아노라 저 안에 거한다 하는 자는 그의 행하시는 대로 자기도 행할지니라"(요일 2:5~6)

주님을 만난 철학자

파스칼
Blaise Pascal (1623-1662)

믿음에는 결단이 필요하다.

"인간은 생각하는 갈대다"라는 말로 유명한 파스칼은 39세의 짧은 생애를 살았지만, 그가 남긴 영적 유산은 무척 크다. 1623년 프랑스에서 출생한 그는 11세 때 '음향에 대하여'라는 논문을 썼고, 16세 때 유명한 수학 논문을 발표하는 등 어릴 때부터 천재성을 보였으며, 컴퓨터의 전신인 계산기를 발명하기도 했다.

그는 1654년 11월 23일 밤에 회심했는데, 이 회심 사건은 역사적으로 흔치 않은 '하나님의 능력 세례'로 불릴 정도로 강력한 것이었다.

이 체험을 전후로 그는 완전히 다른 사람이 되었다. 그는 그 일 이후로 모든 쾌락을 물리치는 것을 신앙생활의 신조로 삼았다. 그의 누이는 「파스칼의 생애」라는 책에서 회심 후 파스칼은 옛날의 오빠가 아니라고 말할 정도였다. 그는 회심한 후 매우 어렵게 지내면서도 가난하고 어려운 이웃을 돌보아 주었으며, 기독교에 관한 글들을 써나갔다. 「팡세」는 그의 사후에 이런 그의 글들을 엮어 출간된 것인데, 여기에는 다음과 같은 소중한 글들이 담겨 있다.

"신앙을 가진다면 곧바로 쾌락을 버릴 것이라고 말하는 사람들이

주님을 만난 철학자

있다. 하지만 나는 말 하건대, 당신이 쾌락을 버린다면 곧 신앙을 얻을 것이다."

"인간은 하나님에 의해 창조되었고 하나님을 위해 존재한다."

"하나님만이 진정한 선이다."

"예수 그리스도 없이는 인간은 악과 비참 속에 빠져들 수밖에 없다."

"하나님만을 사랑하고 자신은 미워해야 한다."

"인간마다 마음속에 공백이 있는데, 이 공백은 다른 무엇으로도 채울 수 없고 오직 그리스도에 의해서만 채워질 수 있다."

"나는 포도나무요 너희는 가지니 저가 내 안에, 내가 저 안에 있으면 이 사람은 과실을 많이 맺나니 나를 떠나서는 너희가 아무 것도 할 수 없음이라" (요 15:5)

은혜를 사모한 과학자
코페르니쿠스
Nicolaus Copernicus (1473-1543)

천지만물의 아름다움을 깨닫게 되면 하나님을 찬양할 수밖에 없습니다.

코페르니쿠스는 10세에 아버지를 잃고 신부였던 외삼촌 아래서 자라는 등 불우한 어린 시절을 보냈다. 하지만 그는 역사상 가장 위대한 천문학자 중의 한 사람이 되었으며, 사람들이 1000년 이상 믿어오던, 태양이 지구를 돈다는 천동설을 지구가 태양을 돈다는 지동설로 전환함으로써 케플러, 갈릴레이, 뉴턴 등으로 이어지는 근대 과학의 기초를 놓아 주는 대 업적을 이루었다.

그의 이러한 업적에 근거하여, 일반적으로 큰 전환점이 주어질 때 '코페르니쿠스적 전환' 이라는 말이 자주 사용되기도 한다.

그에 대해서 미츠바는 이렇게 말하고 있다.

"코페르니쿠스는 신자, 의사, 경제학, 정치가, 군인, 그리고 과학자였다. 그의 후견인인 삼촌의 뜻에 따라 신자가 되었고, 우연히 경제학자가 되었고, 필요에 의해 정치가와 군인이 되었으며, 하나님의 은혜와 진리를 진리 그 자체로서 사랑하는 과학자가 되었다."

코페르니쿠스는 이렇게 말했다.

"우주는, 가장 선하시며 질서 정연하신 창조주께서 우리를 위해 만드신 것이다."

은혜를 사모한 과학자

유언에 따라 그의 묘비에는 이런 글이 새겨져 있다.

"주님, 저는 사도 베드로에게 주신 은혜를 구하지 않습니다. 바울에게 주신 은혜도 구하지 않습니다. 다만 주님의 십자가 옆에 있었던 강도에게 주신 은혜를 구합니다."

그는 엄청난 업적을 남긴 위대한 과학자였지만 주님 앞에 죄사함 받는 것을 가장 귀한 것으로 여겼던 것이다.

"여호와 우리 주여 주의 이름이 온 땅에 어찌 그리 아름다운지요 주의 영광을 하늘 위에 두셨나이다" (시 8:1)

하나님을 찬양한 천문학자

케플러
Johannes Kepler (1571-1630)

우연을 주장하는 것은 자신의 지적 게으름을 폭로하는 것과 같다.

독일의 천문학자요 수학자였던 케플러는 조산아로 태어나 허약한 데다 4살 때는 천연두로 한 손을 쓰지 못하게 되었고 시력까지 극도로 나빴다. 그는 병약함, 그리고 가난과 싸워야 했으며, 결혼 후에도 두 자녀가 출생한 다음 곧바로 척수수막염으로 죽고 말았다. 그는 1630년 노상에서 급사할 때까지 거의 평생을 병약, 빈곤, 카톨릭으로부터의 핍박, 그리고 전쟁 속에서의 피난 등으로 온갖 어려움을 겪었지만, 끈질기게 연구를 계속하여 코페르니쿠스의 지동설이 옳다는 사실을 최초로 수학적으로 자세히 밝히는 등, 현대 과학에 결정적 역할을 담당했다.

그가 아니었다면 천문 과학의 진보는 한 세기가 지체되었을 것이라는 말이 있을 정도였다. 이런 가운데서도 그는 연구를 계속하여 '슈티프트' 학교에서 유명한 학자가 되었다. 철저한 신교도였던 그는 구교로 개종하지 않는다는 이유로 추방당해 거의 무일푼으로 가족을 데리고 그라즈로 피난하였다. 그런데 전화위복이 되어 이로 인해 그는 당시 황실 수학자이었던 티코를 만나게 된다.

티코의 사후 케플러는 황실의 수학자가 되었고 황실의 모든 자료를

하나님을 찬양한 천문학자

활용하여 천문학을 더욱 잘 연구할 수 있었다. 그는 이 사건들 속에서 하나님의 함께 하심을 인식하고는 이렇게 말했다. "하나님은 피할 수 없는 운명으로 나를 티코와 묶어 주셨고 가혹한 시련 속에서도 그와 끊어지지 않도록 해 주셨다."

그는 그 이후에도 여러 시련이 있었지만 언제나 유머 감각과 신앙을 잃지 않았다고 역사가들은 전하고 있다. 그가 우주론에 대한 연구를 끝마쳤을 때 이 연구에 대해 "신성한 설교요, 창조주 하나님께서 받으실 만한 찬송"이라고 했다. 그는 늘 건축자 하나님께서 지구를 어떻게 설계하시고 움직이게 하셨는지를 알고자 했다.

케플러에게 이런 일화가 있다. 그가 태양계의 모형을 만들었다. 수성, 금성 등 행성들이 정확한 질서에 따라 움직이도록 고안된 것이었다. 시운전을 하는 날, 무신론자인 친구가 물었다.

"정말 놀랍군. 우주의 움직임을 어떻게 이렇게 정밀하게 계산해 낼 수 있었나?"

"별거 아니네. 우연히 만들었어. 어쩌다 보니 이렇게 만들어졌지 뭐."

무신론자는 그때야 케플러가 한 말을 깨달았다. 이런 모형도 뛰어난 천재만이 만들 수 있는 것이었는데, 이와는 비교도 안 되는 실물인 천체의 운행이 과연 우연히 되는 것일까?

"여호와의 눈은 온 땅을 두루 감찰하사 전심으로 자기에게 향하는 자를 위하여 능력을 베푸시나니"(대하 16:9)

믿음으로 자연을 본 과학자

갈릴레이
Galileo Galilei (1564-1642)

하나님께서는 만물을 만드시고 또 성경을 주셨다.

갈릴레이는 코페르니쿠스의 지동설이 옳다고 확신하였는데, 이는 교황청의 반발을 사게 하였다.

그는 교황청의 신문에서 다시는 지동설을 퍼뜨리지 않겠다고 서약하게 되었는데, 이 자리를 떠나면서 남긴 "그래도 지구는 돈다"라는 그의 말은 지금까지도 유명하다. 그는 하나님이 우리에게 두 권의 책, 곧 성경과 자연의 책을 주었다고 하면서 이렇게 강조했다.

"성경과 자연은 모두 하나님의 말씀으로부터 나온다. 이 두 가지 진리는 결코 상호 모순되지 않는다."

그는 만년에 시력을 잃게 되지만 끝까지 연구를 계속하였다. 그는 늘 기도하는 사람이었고 주위 사람들에게 기도를 부탁했다.

그의 제자 비비아니는 이렇게 그에 대해 말했다.

"그는 신앙의 확신으로 그의 영혼을 창조주께 돌렸다."

"믿음으로 모든 세계가 하나님의 말씀으로 지어진 줄을 우리가 아나니 보이는 것은 나타난 것으로 말미암아 된 것이 아니니라"

(히 11:3)

영적 진리를 사모한 과학자

아이작 뉴턴
Isaac Newton (1642-1727)

만물을 연구하면 하나님을 알게 될 수밖에 없다.

만유인력법칙을 발견한 아이작 뉴턴은 과학자로서 유명하다. 그런데 그는 생전에 과학 못지 않게 신앙과 신학에도 많은 관심을 쏟았던 인물이다. 그의 신앙은 그의 과학 연구의 부록이 아니라 오히려 그의 삶 자체였다. 그는 주로 성경을 통해 하나님을 이해했는데, 한 번에 며칠 혹은 몇 주간을 성경을 연구하면서 보내기도 했다. 구약 책들의 저자를 밝히기 위해 분문 주석을 했고 저작연대를 알려고 많은 계산을 하기도 했다.

그는 세상을 창조하고 통치하시며 역사 속에서 말씀하시고 행동하시는 성경 속의 하나님을 믿었다. 그는 이렇게 말했다.

"성경의 신앙보다 더 훌륭하게 입증되는 과학은 없다."

"성경은 가장 뛰어난 철학이다. 나는 어떤 세속사에서 보다 성경에서 근거의 확실한 증거를 발견한다."

그는 가난한 자들에게 성경을 보급하기 위해 헌금하는 일에 열심이었으며, 런던 지역에 50개의 교회를 세우는 일에도 앞장을 섰다. 그는 자신의 전 과학적 연구를 담은 「원리」(Principles)의 마지막을 이렇게 장식했다.

영적 진리를 사모한 과학자

"태양, 행성, 그리고 혜성들의 가장 아름다운 체계는 지적이며 능력 있는 존재의 계획과 통치가 아니면 불가능하다. 이 존재는, 세상의 영혼으로서가 아니라 만주의 주로서 모든 것을 다스리신다. 그리고 이러한 통치하신다는 사실로 인해 그분은 주 하나님이라고 불리운다."

그는 어릴 때 아버지를 잃었으며 어머니는 곧바로 재혼해 버렸다. 어린 그는 어머니를 따라가지 않고 할머니 밑에서 자랐는데, 그는 훗날 성인이 되어서 어릴 적에 자신이 그 새 아버지와 어머니를 함께 죽이고 싶을 정도로 원한을 가졌었다고 회상하기도 했다.

이런 불행에도 불구하고 그 모든 것을 신앙으로 극복하여 그는 만년에 그가 살았을 당시와 그 이후에 영국에서 가장 존경받는 인물 중 하나가 되었다.

"오직 주는 여호와시라 하늘과 하늘들의 하늘과 일월 성신과 땅과 땅 위의 만물과 바다와 그 가운데 모든 것을 지으시고 다 보존하시오니 모든 천군이 주께 경배하나이다" (느 9:6)

위대한 교육자

페스탈로치
Johann Heinrich Pestalozzi (1746-1827)

교육의 참된 소망은 하나님에게 있어야 한다.

스위스의 교육가 페스탈로치는 5세 때 아버지를 잃고 가난한 생활을 하였다. 그렇지만 그의 비문(碑文)의 내용은 그가 성공적인 인생을 살았음을 보여준다.

"1746년 1월 12일 취리히에서 태어나 1827년 2월 17일 부르그에서 서거하다. 노히호프에서의 빈민의 구제자, 라인하르트와 게르트루드에서의 국민의 선교자, 슈탄츠에서의 고아의 아버지, 부르그도르트와 뮌헨북세에서의 새 국민학교의 창설자, 이펜르텐에서의 인류의 교육자, 참된 인간, 참된 기독교인, 참된 시민, 모든 것을 남을 위해 하였고, 자신을 위해서는 아무것도 하지 않았다. 그의 이름에 축복이 있기를."

그는 철저히 신앙에 근거하여 이상적인 교육을 펼치고자 했던 인물이다. 그가 죽은 후에 그의 헌신적인 봉사의 삶을 기리는 동상이 세워지게 되었다. 동상은 페스탈로치가 무릎을 꿇고 있는 어린이를 내려다보고, 그 어린이는 위대한 스승의 얼굴을 쳐다보는 모습으로 만들어졌다. 이 동상의 모습은 아주 훌륭해 보였으나 그와 절친했던 친구들은 이 동상이 생전의 그를 잘 표현해 주지 못한다고 하여 새롭게

위대한 교육자

동상이 제작되었다. 즉 무릎을 꿇은 어린이가 스승의 얼굴이 아니라 그 너머의 먼 곳을 바라보는 형상이 완성된 것이었는데, 그 먼 곳은 페스탈로치가 아직 달성하지 못한 목표인 하나님께 대한 소망을 표현하고 있었다. 가정교육을 중시했던 그는 아내가 죽었을 때 그녀의 관 위에 손을 얹고 이렇게 말했다.

"우리 두 부부는 성경의 힘으로 깨끗한 사랑을 나누었고 오랜 세월 동안 갖가지 고난과 싸울 수 있었다. 극심한 빈곤으로 인해 마른 빵을 먹을 때에도 우리는 하나님의 뜻에 거슬리지 않으려고 힘썼다. 이 하나님의 가르침으로 우리 두 부부가 비록 육신적으로는 떨어지게 될지라도 영적으로 함께 있도다."

그의 생전에 이런 일이 있었다.

그는 어느 날 길을 걸어가다가 거지를 만났다. 그는 줄 것이 없다고 생각했는데 은장식이 달려 있는 구두끈을 보고는 그것과 성경책을 주면서 전도를 했다. 10년 후에 한 젊은이가 그를 찾아와 인사를 했다. 그리고 젊은이는 과거 그로부터 전도를 받아 새사람이 되어 사업가가 되었노라고 하면서 전도에 보태 쓰라고 많은 액수의 돈을 기탁하였다.

그는 이런 말을 남겼다.

"가정은 도덕적 학교다."

"예수께서 가라사대 어린 아이들을 용납하고 내게 오는 것을 금하지 말라 천국이 이런 자의 것이니라 하시고" (마 19:14)

> 자기 관리에 철저한 신앙인

벤자민 프랭클린
Benjamin Franklin (1706-1790)

시간을 아끼는 것이 지혜이다.

1787년 미국의 헌법위원회는 작은 주들에게도 큰 주와 마찬가지로 대표권을 주어야 하느냐 여부의 문제로 큰 어려움을 겪고 있었다. 그 때 벤자민 프랭클린이 한가지 제안을 했다. 당시 그의 나이는 81세였다. 그는 먼저 시편127:1의 한 구절을 읽었다.

이어서 그는 말했다.

"여러분, 저는 오랜 인생을 살아오면서 하나님이 인간사의 모든 것을 지배하신다는 것을 알고 있습니다. 참새 한 마리도 하나님의 허락 없이는 땅에 떨어지지 않습니다. 그렇다면 한 주가 하나님의 도움 없이 성장하는 것이 가능한 일이겠습니까? 우리가 어떤 결정을 하기 전에 매일 아침마다 하나님의 도움을 바라는 기도를 해야 한다고 제안하는 바입니다."

이 제안은 받아들여졌고, 그때부터 매일 아침마다 기도가 이루어졌다. 결국 좋은 결정이 나왔고, 그 법률은 오늘날까지 지속되고 있다.

프랭클린은 1776년 미국 독립선언 기초위원에 임명될 정도로 인정받은 정치가이면서 동시에 뛰어난 과학자이기도 했다. 그는 지진의 원인에 대해 발표했으며, 피뢰침을 비롯하여 난로, 원·근시 안경,

자기 관리에 철저한 신앙인

굴뚝에 조절판을 다는 일, 콤바인드 체어와 가로등, 길 양변에 가로수를 심는 일, 화재 보험 회사 등을 발명 혹은 제안했다. 이런 그의 업적으로 인해 미국의 달러 지폐에도 그의 얼굴이 도안되어 있다.

독실한 크리스챤이었던 그는 누구보다도 시간을 중요시했다. 그에게는 이런 일화가 있다. 그가 책방을 경영하고 있을 때, 하루는 한 신사가 들어와서 책 한 권을 뽑고는 물었다.

"이 책값이 얼마입니까?"

"1달러입니다."

"좀 깎아 주실 수 없습니까?"

"안됩니다. 정찰제이기 때문에 정가대로 해야 합니다."

"에이 그러지 마시고 조금만 깎아 주십시오."

"…! 그럼, 1달러 25센트 내십시오."

"…? 농담하시는 겁니까?"

"이제 1달러 50센트를 내셔야 합니다. 저에게는 시간이 돈입니다."

"시간은 금이다"라는 유명한 격언은 프랭클린이 한 말이다. 시간과 관련하여 그는 이런 말을 남기기도 했다.

"시간을 허비하는 것은 사치의 극치다."

"그런즉 너희가 어떻게 행할 것을 자세히 주의하여 지혜 없는 자같이 말고 오직 지혜 있는 자같이 하여 세월을 아끼라 때가 악하니라" (엡 5:15~16)

미국 초대 대통령

워싱턴
George Washington (1732-1799)

하나님은 기도하는 사람을 통해 일을 이루신다.

    워싱턴은 위대한 대통령이기 이전에 위대한 신앙인이었다. 그는 미국 독립 전쟁을 치를 때 그 어려움 가운데서도 항상 성경을 펴 놓고 조용히 기도하고 있는 모습이 사람들에게 목격되었다. 워싱턴이 가장 힘들게 전쟁을 치렀던 곳인 포지(Forge) 골짜기에 세워져 있는 워싱턴 기념 교회에는 이런 기도가 적혀 있다.

    "전능하신 하나님이시여, 미국을 지켜주실 수 있는 분은 하나님뿐임을 믿습니다. 이 국가의 지도자들이 하나님의 말씀에 순종할 수 있도록 하시고 국민을 사랑할 수 있도록 형제애를 허락하여 주옵소서. 이들이 솔선하여 정의를 행하도록 하시고, 자비를 사랑하며, 좋은 나라를 이루기 위해 겸손히 국민을 섬기는 자들이 되게 하옵소서."

    당시 포지 골짜기의 전투 시에 그가 얼마나 간절히 기도했는지 주위에 있는 사람들조차도 그의 기도 때문에라도 반드시 승리할 것이라는 확신을 하게 되었다. 워싱턴 대통령의 비서였던 로버트 루이스는 워싱턴에 대해서 이렇게 말했다.

    "대통령께서는 성경을 펴놓고 조용히 기도하는 것으로 일과를 시작하셨습니다."

미국 초대 대통령

정치의 표준을 철저히 성경에 두었던 그는 이런 말을 남겼다.

"하나님과 성경 없이 이 세상을 올바르게 통치한다는 것은 불가능하다."

"항상 전쟁에 대비하고 있는 것이 가장 유효한 평화유지의 수단이 된다."

미국인들이 가장 좋아하는 대통령이 있다면, 바로 워싱턴과 링컨이다. 그런데 이 두 대통령의 공통점이 있다면 그것은 그들이 매우 정직했다는 점이다. 워싱턴의 아버지는 어릴 때부터 자녀에게 정직성을 강조했던 것으로 유명하다.

그는 자기 아들이 거짓말쟁이가 되는 것을 보기 보다는 아들을 포기하겠다고 했다. 워싱턴은 한창 장난을 좋아하던 나이인 6세 때 자기도 인디언처럼 도끼를 마구 휘둘러 무언가를 한번 찍어 보고 싶은 충동을 느꼈다. 창고에서 아버지의 손도끼를 가지고 나온 워싱턴은 "야호!" 소리치고 도끼를 머리 위로 휘두르며 인디언 흉내를 내었다.

그리고는 뜰에 심겨진 벚나무 앞으로 가서는 "얏!"하고는 힘껏 내리쳤다. 몇 번이고 내리찍자 드디어 기분 좋게도 나무가 쓰러졌.

그 나무는 그의 아버지가 가장 아끼던 나무였다. 아버지가 그 사실을 알고는 매우 분노하면서 누구의 소행인지를 물었다. 그때 어린 워싱턴은 두려운 마음이 있었지만 아버지께 이를 고백하고 용서를 빌었다. 그러자 아버지는 오히려 그의 정직성을 칭찬해 주시며 매우 기뻐하셨다.

이 일로 워싱턴은 평생을 거짓말을 하지 않기로 결심했고 실제로

미국 초대 대통령

그렇게 살았다. 워싱턴의 아버지가 꽃밭에 워싱턴의 이름이 나타나게 가꿈으로써 우주 속에 나타나 있는 창조주 하나님의 사랑을 그에게 가르쳐 준 일은 유명한 일화로 남아 있다.

워싱턴의 다음 선언은 그가 얼마나 독실한 신앙인이었는지를 잘 보여준다.

"전지전능하신 하나님의 섭리를 믿고 그의 뜻을 따르며 그의 지시하심에 감사하며 겸손하게 그의 보호와 은혜를 간구하는 것은 모든 국가의 의무다.

의회의 상하 양원들의 연합위원회에서 나에게 이같이 요구했다. '공식적으로 감사절과 기도절을 제정해서 국민이 진정으로 감사하는 마음으로 전지전능하신 하나님의 은혜를 믿음으로 그 감사절과 기도절을 지키게 하고 특별히 그들에게 그들의 안전과 행복을 위해 평화로운 정부를 지키도록 하자' 라는 것이었다.

그래서 나는 이와 같이 제안한다. 즉 영원 전부터 우리를 보호해 주시는 하나님의 은혜에 감사하고 우리를 영원까지 보호해 주시도록 예배를 드리자. 그렇게 하면 하나님이 우리를 확고하게 보호해 주실 것이다."

"주께서는 무소불능하시오며 무슨 경영이든지 못 이루실 것이 없는 줄 아오니" (욥 42:2)

기도로 승리한 장군

맥아더
Douglas MacArthur (1880-1964)

하나님께서는 기도하는 사람을 외면하시지 않는다.

1950년 9월28일은 맥아더 장군의 지휘 아래 역사적인 인천 상륙작전이 있었던 날이다. 이 상륙작전이 성공하지 못했더라면 우리나라는 북한의 괴뢰정권에 의해 완전히 점령당하는 것이 거의 확실시 되던 상황이었다.

하지만 이 상륙작전이 그렇게 쉬운 것은 아니었다. 참모진 등 주위의 모든 사람들이 반대했고 심지어 당시 미국 대통령이었던 트루먼까지도 이 작전이 실패할 것으로 생각했다.

하지만 연합군 총사령관이었던 맥아더 장군은 이를 시행했고 결국 성공했다. 그 이전에 역사상 500번의 상륙이 있었지만 성공한 것이라곤 제2차 세계대전 때 아이젠하워의 통솔하에 시행된 노르망디 상륙뿐이었다. 확률은 1/500이었다.

맥아더는 후에 자신의 능력에 의지하지 않고 오직 전능하신 하나님의 능력에 의존하여 이 작전을 수행했다고 술회했다.

그는 작전에 성공한 후에 당시 시청 맞은편에 있었던 국회의사당 앞에서 내려 머리를 숙여 기도했다.

기도로 승리한 장군

"주님께서 이루어 주셨습니다!"(Thy will be done!)
뒤따르던 참모들도 함께 기도를 하고 있었다.
그가 작시한 「자녀를 위한 기도」는 지금까지 많은 사람에게 애송되고 있다.

이런 아들을 주소서, 주님!
약할 때에도 강함을 알 수 있는 아이,
두려울 때도 혼자서 용감히 맞설 용기가 있는 아이,
이런 아들이 되게 하소서.
그의 바람이 행동으로 이어지도록 하옵시고,
그를 인도하시사, 쉽고 평안한 길만이 아닌,
어려움과 도전의 아픔이 있지만 격려가 있는,
그런 길을 인도하소서.
폭풍 가운데도 서 있는 법을 알도록 하소서.
그리고 실패한 자들을 위로할 수 있는 자가
되도록 인도하소서.
이런 아들이 되게 하소서, 주님!
마음이 깨끗하고 목표가 높으며,
남을 정복하기 전에 자기를 정복할 수 있는,
과거를 결코 잊지 않으면서도 미래로
나아가는 그런 아들이 되게 하소서.

기도로 승리한 장군

또한 긍정적인 생각과 유머 감각도 주셔서
늘 무슨 일에든 너무 심각하지 않도록 하옵소서.
그리하여 아버지인 내가 그 아들로 인하여 감히 이렇게 속삭일 수
있도록 하옵소서.
"내가 헛되이 살지 않았구나."

"내가 네게 명한 것이 아니냐 마음을 강하게 하고 담대히 하라 두려워 말며 놀라지 말라 네가 어디로 가든지 네 하나님 여호와가 너와 함께 하느니라 하시니라" (수 1:9)

하나님을 의지한 지도자

아이젠하워
Dwight David Eisenhower (1890-1969)

하나님께 맡기면 하나님께서 책임지신다.

아이젠하워는 연합군 총사령관의 임무를 맡기 위해 영국으로 가려고 비행기에 올랐을 때 단 한 권의 책만 휴대했다. 그것은 바로 성경이었다.

제2차 세계대전이 격하게 전개되던 1943년 7월 10일 밤의 일이다. 아이젠하워는 연합군의 군함 3,000척과 80,000명의 군인에게 이탈리아의 시실리 섬을 공격하기 위한 출동 명령을 내렸다.

이때 선 채로 기도를 끝낸 후 그는 옆의 장교에게 이렇게 말했다.

"사람은 자신의 두뇌와 준비된 실력과 기술을 다 바쳐 무슨 일을 한 다음에는 전능하신 하나님의 손에 맡겨야 합니다. 그것을 이루시는 분은 하나님이시기 때문입니다."

그는 다음과 같이 말한 적이 있다.

"무신론자가 되기 위해서 머리를 쓸 필요가 없다. 바보라도 초자연적인 힘을 부인할 수는 있기 때문이다. 생명의 신비를 무시할 수 없고, 천체 운행의 놀라운 질서를 느끼지 않을 수 없다. 이 모든 것은 자비로운 하나님의 손길이다. 나는 바로 그 분이 성경 속의 하나님과 그의 아들인 예수 그리스도라고 확신한다."

하나님을 의지한 지도자

"우리가 위기에 처했을 때, 믿음은 결단할 수 있는 용기를 준다. 하지만 결과는 하나님께 맡기고 전적으로 그를 신뢰해야 한다. 그렇게 하면 우리는 평안 가운데 책임을 잘 감당할 수 있다."

그는 임종 시에 목사님을 모셔 오게 했다. 그리고 그는 기도를 부탁하면서 이렇게 말했다.

"목사님, 지금 제게 무엇이 필요하겠습니까? 저의 죄 사함과 천국에 대해 다시 한 번 말씀해 주십시오."

"너의 행사를 여호와께 맡기라 그리하면 너의 경영하는 것이 이루리라"(잠 16:3)

성경을 읽는 대통령

존 퀸스 아담스
John Quincy Adams (1767-1848)

다른 어떤 위대함보다 영혼의 위대함을, 다른 어떤 부요보다 마음의 부요를 숙고하라.

미국의 6대 대통령 존 퀸스 아담스는 지금까지 매우 독실한 신앙인으로 알려져 있다.

그는 백악관에 들어온 지 이틀째 되는 날 밤에 일기장에 이렇게 기록했다.

"하나님께서 이 백악관과 앞으로 이곳에서 지내게 될 모든 이들에게 큰 은혜를 내려 주시기를 빕니다. 정직하며 지혜로운 이들만이 이 지붕 아래서 이 나라를 다스릴 수 있도록 해 주옵소서."

특히 그는 누구보다도 성경을 많이 읽고 또 성경을 늘 강조하였다. 1816년 9월 26일의 그의 일기에는 이런 말이 기록되어 있었다.

"몇 년 전부터 나는 성경을 1년 1독씩 통독하고 있다. 아침에 일어나서는 그 첫 시간을 성경 읽기에 바치고 있다."

또한 그는 이런 말을 남겼다.

"성경을 읽는 것은 하루를 시작하는 데 있어서 가장 유익한 습관이다."

"성경은 지식과 덕의 무한한 금광이다."

"성경은 인간 생활의 모든 상황에서, 모든 시대에 읽는 모든 사람

성경을 읽는 대통령

들의 책이다. 성경은 한 번, 두 번, 세 번 읽고서는 접어두는 것이 아니라, 하루에 1, 2장을 정해서 읽어야 할 책이요, 결코 어떤 강압적인 필요에 의해서 읽어서는 안 된다."

"모든 성경은 하나님의 감동으로 된 것으로 교훈과 책망과 바르게 함과 의로 교육하기에 유익하니 이는 하나님의 사람으로 온전케 하며 모든 선한 일을 행하기에 온전케 하려 함이니라"

(딤후 3:16~17)

살아계신 주님을 경외한 사람

가필드
James Abram Garfield (1831-1881)

하나님의 다스리심을 의지하면 걱정할 것이 없다.

링컨이 사망한 날 아침에 약 5만 명의 군중이 뉴욕 증권 거래소 앞에 운집하면서 폭동이 일어날 상황이 되었다.

그러자 한 사람이 일어나 큰소리로 외쳤다.

"시민 여러분, 어둠과 구름이 하나님 주위에 있습니다. 하나님이 거하시는 곳은 하늘의 두꺼운 구름입니다. 정의와 심판은 하나님의 보좌를 이루고 있습니다. 자비와 진실이 하나님 앞에 있습니다. 시민 여러분, 하나님이 통치하십니다. 그리고 워싱턴 정부는 건재해 있습니다."

그러자 사람들은 이 연설의 뜻을 알아듣고는 격동을 가라 앉혔다. 이 연설자는 바로 가필드였다.

가필드가 20대 대통령으로 백악관에서 취임식을 한 후에 교회에 갔을 때, 사람들이 그를 특별히 대우하자 그는 이렇게 말했다.

"교회 내에서 제 위치는 평범한 평민 출신의 평신도 제임스 에이브람 가필드일 뿐입니다."

가필드가 대통령이 되기 전 히람대학 학장 시절에 재단 이사 한 사람이 그에게 다음과 같은 요청을 했다.

살아계신 주님을 경외한 사람

"내 아들이 이 대학에 재학 중인데, 수학 연한이 너무 긴 것 같습니다. 좀 줄일 수는 없는지요."

그러자 그는 이렇게 대답했다.

"하나님께서 느티나무를 만드실 때는 100년이 걸리고 호박을 만드실 때는 2개월이 걸립니다. 가정 교육이든 학교 교육이든 무엇을 만들려고 하느냐에 따라 그 연한이 결정되는 것이지요."

"겸손과 여호와를 경외함의 보응은 재물과 영광과 생명이니라" (잠 22:4)

말씀으로 깨달은 지도자

크롬웰
Oliver Cromwell (1599-1658)

하나님의 말씀은 항상 우리에게 힘을 준다.

17세기 영국의 크롬웰은 신앙의 자유를 위하여 청교도 혁명을 주도했던 인물로, 정부군을 이긴 후에 국정을 잡고 의회 정치를 실행했으며 이때부터 의회 정치가 시작되었다.

그는 철저한 청교도주의에 입각하여 규율과 장비를 갖춘 우수한 기병 연대를 편성하였으며 하는 전투마다 승리를 하여 그의 군대는 철기대(鐵騎隊)란 명칭을 얻기도 했다.

그는 전투를 할 때 늘 시편을 읽으면서 진군을 하였다. 그가 전투 중에 탄환을 맞게 되었을 때 그의 포켓 안에 있는 성경에 그 탄환이 꽂히는 바람에 목숨을 건지게 된 일화는 유명하다.

그가 곧바로 성경을 펼쳐 보았을 때, 맨 먼저 전도서(12:1)가 눈에 들어왔다고 한다.

"너는 청년의 때 곧 곤고한 날이 이르기 전에 너의 창조자를 기억하라."

크롬웰의 가장 사랑하던 맏아들이 그만 세상을 떠나고 말았다. 미처 슬픔을 이기기도 전에 또 다른 큰 어려움이 밀려왔다. 그러던 중 그는 성경을 읽다가 빌립보서 4장 말씀을 읽게 되었다.

말씀으로 깨달은 지도자

"내가 비천에 처할 줄도 알고 풍부에 처할 줄도 알아 모든 일에 배부르며 배고픔과 풍부와 궁핍에도 일체의 비결을 배웠노라."

이 말씀을 읽다가 그는 '나도 이런 비결을 배울 수 있으면 얼마나 좋을까' 하고 생각했다. 그리고는 계속하여 말씀을 읽어 나갔다.

13절에는 "내게 능력 주시는 자 안에서 내가 모든 것을 할 수 있느니라"라는 말씀이 있었다. 크롬웰은 무언가 크게 깨달음을 얻게 되어 벌떡 일어나면서 외쳤다.

"사도 바울의 주님은 지금 나의 주님이 아니냐!"

"이를 위하여 나도 내 속에서 능력으로 역사하시는 이의 역사를 따라 힘을 다하여 수고하노라" (골 1:29)

신앙으로 선 영국 수상

글래드스턴
William Ewart Gladstone (1809-1898)

하나님께서는 당신을 경외하는 자를 들어 쓰신다.

글래드스턴은 4번이나 수상직을 수행하는 등 영국의 최대 정치가로 손꼽히는 인물이다. 그가 활약하던 당시 영국은 최전성기를 맞이하고 있었다.

목사가 되고 싶어 했을 정도로 독실한 신앙인이기도 했던 그는 어릴 때부터 주님을 자기 목표로 삼았으며 자신이 정치가가 된 것도 결국 그리스도를 위해서였다고 늘 말하곤 했다.

그는 주일에는 반드시 예배를 드리러 교회를 갔다. 한번은 대학 교회에서 영국에 대해 낙관적인 강연을 한 적이 있었다.

강연이 끝나자 한 학생이 이렇게 물었다.

"미래에 대한 근심이나 부정적인 조짐은 없습니까?"

그러자 그는 말하기를 "예, 제게 걱정되는 것이 단 하나 있긴 합니다. 그것은 바로 하나님께서 사람들의 마음에서 떠나는 것 같다는 점입니다"라고 했다.

그에게 이런 일화도 있다.

어느 날 런던 다우닝 가 10번지에서 노크 소리가 요란하게 울렸다. 한 소년이 찾아와 자기 형이 죽어가고 있으니 와서 천국의 길을 보여

신앙으로 선 영국 수상

달라는 것이다. 의회에서 발표할 연설문을 작성하는 일로 바빴던 글래드스턴은 자신의 중요한 일을 멈추고 그를 따라갔다.

결국 그의 형은 예수 그리스도를 구주로 영접하고는 기뻐마지 않았다. 글래드스턴은 자기 집으로 돌아와서는 연설 마지막 부분에 이렇게 적었다.

"나는 오늘 영국 런던에서 가장 행복한 사람이다."

그는 이런 말들도 남겼다.

"나는 예배석이 대영제국의 수상석보다 존귀하다."

"나에게서 모든 것을 빼앗아도 신앙만은 빼앗을 수 없다."

"주의 궁정에서 한 날이 다른 곳에서 천 날보다 나은즉 악인의 장막에 거함보다 내 하나님 문지기로 있는 것이 좋사오니"

(시 84:10)

불의를 참지 않는 대법관

토머스 모어

Thomas More (1478-1535)

무엇보다도 우리는 이 세상의 삶보다 영생을 사모해야 한다.

    토머스 모어는 변호사, 하원의원, 그리고 외교사절로 활약했고, 헨리 8세의 총애를 받아 대법관까지 오르게 된다. 하지만 헨리 8세는 불의한 왕으로서 왕비를 6명이나 폐위시키고 또 대부분 처형시켰다. 그는 또 당시 왕비인 캐서린과 이혼하고 궁녀와 결혼하고자 했다.

    그러자 모어는 국왕이라도 그런 행동은 기독교 법에 어긋난다고 하면서 그 불법성을 말하고는 결국 대법관직을 사직했고, 이에 분노한 국왕은 그를 런던탑에 가두었으며 결국 반역죄로 몰아 단두대에서 처형해 버렸다.

    평소 유머를 좋아하던 그는 이때 "단두대에 목을 치더라도 죄 없는 수염은 다치지 않도록 하게나" 하고 여유를 보이기도 했다.

    그는 죽기 전에 마지막으로 구약 성경의 시편 51편을 읽고서는 "나를 긍휼히 여기시고 내 죄를 깨끗이 씻겨 주옵소서"라고 기도했다.

    그가 런던 탑에 갇혀 있을 때 그의 가족들은 몇 번이고 찾아가 왕에게 항복하라고 애원했지만 그는 이를 거절했다. 어느 날 그는 그를 찾아온 아내에게 물었다.

불의를 참지 않는 대법관

"당신은 내가 앞으로 얼마나 더 살 수 있다고 생각하오?"

아내가 대답하기를, "적어도 20년은 더 사실 거예요"라고 했다. 이때 그는 큰 소리로 말했다.

"이 땅에서의 20년밖에 안 되는 삶을 위해서 영원히 사는 삶을 포기한다면 이 얼마나 어리석은 일이겠소. 영혼을 잃는 것보다 그 밖의 모든 것을 잃는 편이 차라리 낫소. 예수님도 말씀하시지 않았소. '온 천하를 얻고도 제 목숨을 잃으면 무엇이 유익하리요'라고."

그가 지은 유명한 책 「유토피아」는 비인간화를 조장하는 당시 영국의 사회제도를 통렬히 비판하고 있다.

「인생은 그 날이 풀과 같으며 그 영화가 들의 꽃과 같도다 그것은 바람이 지나면 없어지나니 그곳이 다시 알지 못하거니와」

(시 103:15~16)

사랑을 실천한 장군

고든
Charles George Gordon (1732-1809)

고든은 이웃을 자기 몸처럼 사랑할 줄 알았다.

영국 정부는 1860년 '애로호(Arrow號) 사건' 시에 중국에 출정하여 큰 공을 세운 고든 장군에게 높은 지위를 주고 많은 상금으로 포상하려고 했다.

하지만 고든은 그 모든 것을 거절하고, 단지 33회에 걸친 그의 전투 기록이 새겨져 있는 금메달 하나만을 받았다.

그런데 그의 사후 이 메달을 아무리 찾아도 발견되지 않았다. 심한 흉년으로 말미암아 굶주리던 가난한 사람들에게 식량을 사주기 위해 어느 날 그는 금메달을 녹여 팔았던 것이다. 이 날에 기록된 그의 일기장에는 이렇게 기록되어 있었다.

"이 땅에서 내가 가장 귀하게 여기는 마지막 물건을 주 예수 그리스도에게 오늘 나는 바쳤다."

"또 주께서 우리가 너희를 사랑함과 같이 너희도 피차간과 모든 사람에 대한 사랑이 더욱 많아 넘치게 하샤" (살전 3:12)

점자 성경 발명가

윌리엄 문
William Moon (1818-1894)

하나님께서 우리를 인도하시는 방법은 너무나도 신묘막측하다.

윌리엄 문(William Moon)은 대학생 시절에 안질로 인해 갑자기 맹인이 되었다.

처음에 그는 괴로워 하며 왜 이런 시련을 자신에게 주시느냐고 하나님께 항변하였다.

하지만 계속 기도를 하던 중에 그는 자기 주위에 맹인들이 의외로 많음을 알게 되었고 그들을 위한 점자 연구를 하게 되었다.

마침내 그는 점자 알파벳을 발명했고 그래서 많은 맹인신자가 점자 성경을 읽을 수 있게 되었다.

"예수께서 이르시되 할 수 있거든이 무슨 말이냐 믿는 자에게는 능치 못할 일이 없느니라 하시니" (막 9:23)

복음에 열심을 지닌 정치가

다니엘 웹스터
Daniel Webster (1782-1852)

복음전파는 세상을 변화시킬 수 있는 가장 좋은 방법이다.

다니엘 웹스터는 미국의 유명한 정치가이며 학자였고, 또한 독실한 신앙인이기도 했다. 그는 지금까지 미국에 큰 영향을 준 인물로 알려져 있다.

그가 국무장관으로 있을 때 한 사람이 그에게 이런 질문을 했다.

"당신의 일생 동안 마음속에서 일어났던 생각 중에 가장 중요한 생각은 무엇이라고 말할 수 있겠습니까?"

그러자 그는 엄숙한 얼굴을 하면서 이렇게 말했다.

"예, 그것은 장차 내가 하나님 앞에 가게 될 때 내가 지금 하는 모든 일들에 대해 내가 책임지게 될 것이라는 사실입니다."

그는 또 다음과 같은 말을 남겼다.

"만일 기독교 서적이 국민들에게 읽혀지지 않는다면, 우리나라가 어떻게 되겠는가? 복음서가 전달되지 못한다면 타락하고 더러운 문학이 판을 칠 것이다. 그리고 복음의 능력이 전국에 전해지지 못한다면 혼란, 무법, 비참, 부정, 그리고 암흑이 이 나라를 지배하게 될 것이다."

"성경은 우리 인생의 가장 안전한 안내서이다."

복음에 열심을 지닌 정치가

또한 그는 죽기 전에 미리 작성된 유언에서 이렇게 말했다.

"다니엘 웹스터, 1782년 1월 18일에 태어나 1852년 10월 24일에 죽다. 나는 늘 예수 그리스도의 복음이야말로 확실한 실재임을 분명히 믿고 있다. 산상수훈은 단순히 인간이 만들어 낸 것이 아니라는 믿음이 내 신앙 깊숙이 들어있다. 인류의 전 역사가 이를 증거 해 주고 있다."

"믿음으로 말미암아 그리스도께서 너희 마음에 계시게 하옵시고 너희가 사랑 가운데서 뿌리가 박히고 터가 굳어져서"(엡 3:17)

하나님께 손을 맡긴 의사

모이니한

Berkeley George Andrew Moynihan (1865-1936)

무슨 일이든지 하나님이 함께하셔야 성공할 수 있다.

대영 제국의 유명한 외과 의사인 모이니한 경은 저명한 의사들이 모두 모여 지켜보는 가운데 한 아주 중요한 수술을 성공적으로 끝냈다.

그러자 한 의사가 물었다.

"어떻게 수술을 성공적으로 할 수 있었습니까?"

그러자 그는 말했다.

"당신들도 보셨다시피, 내가 수술했던 방에는 3인이 있었습니다. 환자와 나 자신, 그리고…."

이렇게 말하는 순간, 누군가 그의 말을 가로채면서 물었다.

"하지만 둘뿐이었잖습니까?"

"나머지 한 분은 하나님이십니다."

"두 세 사람이 내 이름으로 모인 곳에는 나도 그들 중에 있느니라"

(마 18:20)

마취제의 신기원

제임스 심프슨
James Young Simpson (1811-1870)

심프슨은 다른 무엇보다도, 주님처럼 가난하고 병들고 고통 받는 자들과 함께 있다는 것을 영광으로 여겼다.

제임스 심프슨은 마취제 클로로포름의 발견자로 유명하다. 외과 수술에 있어서 새로운 기원을 마련한 이 마취제는 사람이 통증 없이 수술을 받을 수 있도록 해주었다.

클로로포름은 피부를 자극하여 국부적인 마비도 일으키지만, 증기를 흡입하여 대뇌를 마비시킴으로써 큰 수술을 할 때 사용된다. 그 이전까지만 해도 미국의 한 의사가 발명한 에테르라는 마취제가 사용되었으나, 그 불쾌한 성질 때문에 많은 사람에게 애용되지 못했다. 그래서 그는 마취제 연구를 거듭하여 시험을 거친 다음 1847년에 클로로포름 논문을 발표하였다.

그러자 많은 사람으로부터 맹렬한 비난을 받았으며, 당시 기독교인들로부터도 비판받았다. 하지만 그는 성경 구절을 제시하면서 그것이 잘못된 것이 아님을 입증해 주었다. 결국 1853년 빅토리아 황후가 왕자를 분만할 때 이 클로로포름 마취를 이용하여 성공함으로써 이 마취법이 공인받기에 이르렀다.

그는 이 공로로 당시 스코틀랜드 출신의 의사로서는 처음으로 'Sir'(경)의 칭호를 받았다.

마취제의 신기원

그의 만년에 한 제자가 그에게 이런 질문을 했다.

"선생님이 지금까지 발견한 것 가운데 가장 큰 발견은 무엇이라고 보십니까?"

"나의 가장 큰 발견은 내가 큰 죄인이라는 사실과 예수님이 나를 구해 주신 큰 구세주라는 사실이지요."

클로로포름이라고 대답할 것으로 기대했던 제자는 그의 이러한 대답에 깜짝 놀랐다.

"또한 모든 것을 해로 여김은 내 주 그리스도 예수를 아는 지식이 가장 고상함을 인함이라 내가 그를 위하여 모든 것을 잃어버리고 배설물로 여김은 그리스도를 얻고 그 안에서 발견되려 함이니 내가 가진 의는 율법에서 난 것이 아니요 오직 그리스도를 믿음으로 말미암은 것이니 곧 믿음으로 하나님께로서 난 의라" (빌 3:8~9)

무릎 꿇는 찬송가 작사자
크로스비

Frances Jane Fanny Crosby (1820-1915)

우리가 좌절하지 않고 감사하는 이유는 참 소망을 알기 때문이다.

크로스비는 의사의 실수로 생후 6개월 만에 맹인이 되고 말았지만, 결코 원망하거나 절망하지 않고 오히려 만나는 사람마다 "당신의 영혼에 하나님의 은혜가 함께 하시길" 하며 인사해 주었다.

그녀는 8,000여 편에 이르는 찬송가를 작사했는데, 무릎을 꿇지 않고는 단 하나의 찬송가도 쓰지 않았다.

우리 찬송가에도 그녀의 것이 20여 편이 들어 있는데, 그 가운데 446편 '오 놀라운 구세주 예수 내 주'는 매우 아름다운 가사로 유명하다.

어느 날 한 사람이 이렇게 말했다.

"왜 하나님께서 당신에게 그렇게 많은 재능을 주셨는데 앞을 보지 못하도록 하셨는지 안타깝기만 하군요."

"만일 제가 이 땅에 태어났을 때 한 가지 간구할 수 있었다면, 저는 제가 맹인이 되게 해 달라고 했을 것입니다."

"아니, 왜 그렇습니까?"

"제가 하늘나라에 갔을 때 맨 처음 보는 분이 주님이실 테니까요."

그녀는 이런 말을 남겼다.

무릎 꿇는 찬송가 작사자

"신앙인은 불운을 불평하지 않고 행운을 창조하는 사람이다."
"나에게 조금의 동정심도 보이지 마십시오. 나는 이 세상에서 가장 행복한 사람이기 때문입니다."

"믿음은 바라는 것들의 실상이요 보지 못하는 것들의 증거니"
(히 11:1)

진리를 탐구하는 땅콩박사

조지 카버

George Washington Carver (1860-1943)

카버 박사는 하나님을 의지하며 그분의 인도하심을 믿었다.

조지 카버는 미국 최고의 참 신앙인이라는 말을 들었던 인물이다. 루즈벨트 대통령은 "그는 하나님의 진리를 탐구하는 겸손한 과학자였으며 흑인뿐 아니라 백인들의 해방을 위하여 일생을 바친 인물이었다"라고 말했다.

공로 표창 메달을 수여하면서 "내가 카버 박사와 친분을 가질 수 있었던 것은 내가 누린 가장 큰 특권 중의 하나였다"라고도 했다.

그리고 당시 부통령 월러스는 말하기를, "카버 박사는 미합중국에서 가장 신실한 크리스찬이었다"라고 말했다.

미국 의회에서는 조지 카버를 기념하는 기념관을 설립하여 그의 모든 유물을 전시하고 있다.

조지 카버, 그는 누구인가? 그는 노예의 아들로 태어났으며, 심지어 그의 부모가 누군지 또 언제 어디서 출생했는지도 모르는, 출생만 두고 본다면, 가장 비참한 사람 중 하나였다. 그는 여러 인생 역경을 겪으면서 대학에 들어가 식물학 박사가 되었다. 그는 대학에 들어가고자 하는 꿈을 이루려고 무척 고생했지만 흑인이라는 이유로 대학교에 입학하는 것까지 거절당하고 말았다. 하지만 신실하게 살아가는

진리를 탐구하는 땅콩박사

그의 모습에 감동한 백인들의 도움으로 결국 그는 대학교에 들어가게 되었고, 졸업 후에는 학문에 전념하는 학자의 길을 가게 되었다.

하지만 그는 여느 학자들과는 달랐다. 그는 흑인들을 위해 살겠다는 굳은 결심을 하고 당시 흑인 운동가 조지 워싱턴 부커가 설립한 농업학교에 가서 고생을 자청했다. 그는 경비원 일도 보고 병든 돼지를 치료 해 주었으며 새로 태어나는 송아지를 받기도 했다. 그러면서도 그는 비좁고 낡은 실험실 등, 매우 열악한 환경에서 연구에 연구를 거듭하는 생활을 계속했다.

그는 농업학교를 지역 주민들을 위한 교육장으로 삼았으며, 멀어서 오지 못하는 농부들에게는 자신이 직접 찾아가 그 집의 논과 밭을 교육장으로 삼아 농업 개량 방법을 가르쳐 주었다. 이러한 '이동 학교'는 농부들에게 큰 인기를 끌게 되고 세계적으로 유명해지게 되어 미국뿐만 아니라 세계 각국에서 이동 학교 교육을 배우기 위해 찾아 왔다. 그는 밤낮을 가리지 않고 이런 일을 해가면서 늘 농부들과 함께 지내는 것을 기뻐했고, 그리고 자신에게 배우러 온 사람들에게는 기꺼이 가르쳐 주었다.

그러던 중 1915년 미국 남부 지방에 베빌이라는 벌레가 나타나 목화 농사를 전멸시키기에 이른다. 이때 그 위기를 구한 인물이 바로 카버였다. 그는 목화 재배 대신 땅콩 재배를 적극적으로 권하여 농부들로 하여금 오히려 목화 재배 수입보다 더 큰 수입을 얻도록 해 주었다. 하지만 도중에 문제가 없는 것은 아니었다. 너무 많은 땅콩 생산으로 땅콩의 처분이 큰 문제로 등장하게 된 것이다. 그러자 그는 이

진리를 탐구하는 땅콩박사

문제로 기도하면서 땅콩으로 약 300가지에 이르는 제품을 만들게 된다. 땅콩 마가린, 비누, 화장품, 땅콩 우유, 사탕, 버터 등이다. 심지어 그는 땅콩 껍질로 전기 절연판, 접착제, 인조 대리석까지 만들게 되었다. 그는 드디어 국회 상원에 가서 땅콩에 관해 강연을 하게 되었다. 그가 상원 위원회 앞에서 땅콩 제품들을 보여 주면서 설명하자 한 의원이 물었다.

"박사께서는 그 모두를 어디서 배우셨나요?"

"책에서 배웠습니다."

"어떤 책입니까?"

"예, 그것은 성경입니다."

"성경이라고요? 하지만 성경에는 땅콩에 대해 아무런 언급이 없지 않습니까?"

"예, 성경은 땅콩에 대해 직접적으로 아무것도 가르치지 않았습니다. 하지만 이 책은 하나님께서 저희더러 만물을 다 이용하라고 기록하고 있습니다. 하나님은 이 책을 통해 내게 땅에서 나는 열매 가운데 몇 가지 신비스러운 것을 보여주셨습니다. 창세기 첫 장에서는 이에 대해 잘 증거해 주고 있습니다."

그는 어린 시절 고난 당할 때 이미 교회에 다니면서 철저한 신앙인이 되어 있었고 그 모든 고난을 신앙으로 극복했다. 그는 농업학교에서도 열심히 성경반을 지도했다.

여러 실물을 보여주면서 성경과 과학의 관계를 설명하는 그의 성경반은 학생들에게 큰 인기를 끌었다.

진리를 탐구하는 땅콩박사

한 번은 학생이 하나님을 어떻게 알 수 있고 볼 수 있느냐고 질문했다. 그러자 그는 이렇게 되물었다.

"학생은 전기를 본 적이 있습니까?"

"없습니다. 하지만, 하지만…."

"그렇습니다. 우리는 전기의 힘으로 불을 켤 수가 있지요. 이처럼 전기가 보이지 않는다고 해서 전기가 없는 것이 아니듯이, 하나님 역시 보이지 않는다고 안 계신 것이 아닙니다. 하나님은 보이지 않지만, 항상 우리 곁에 계시며 우리와 만나기를 원하십니다. 그분은 어디나 계시지만 우리가 볼 수 없을 뿐입니다."

그러면서 그는 꽃을 가리키면서 이렇게 말했다.

"여기에도 하나님이 계시지요. 이 꽃을 이 같이 아름답게 필 수 있도록 한 씨는 이미 오래전에 창조된 것이며, 이 씨는 오랫동안 어려움을 당하면서도 그 생명력을 보존하며 견뎌 나온 것입니다. 또한 이 씨는 앞으로도 계속하여 그 생명력을 지속해 나갈 것입니다."

그의 성경반은 점차 인기가 있어서 장소가 부족하여 강당에서 성경 공부를 해야 할 정도가 되었으며, 마침내 정규 과목이 되기까지 했다. 사람들에게 '땅콩박사'라 불리던 그는 1943년 보던 성경을 덮은 채 세상을 떠났다. 그는 특허를 통해 얻은 많은 소득으로 원하는 모든 이에게 기술을 가르쳐 주었다. 그는 단순히 미국 남부 흑인들의 경제적 변화보다는 정신적 변화를 준 사람으로 기억되고 있다.

"대저 여호와는 지혜를 주시며 지식과 명철을 그 입에서 내심이며"

(잠 2:6)

예수님을 본받으려 했던 사람

토마스 아 켐피스
Thomas a Kempis (1380-1471)

그리스도를 본받는 삶을 살자.

가난한 집안에서 태어난 토마스 아 켐피스는 어릴 때부터 영적 분위기 속에서 자랐다.

그는 26세 때부터 성 아그네스 수도원에서 수도사가 된 후 죽을 때까지 이곳에서 생활하면서 책을 쓰고 설교했다. 대표적인 책이 「그리스도를 본받아」인데, 지금까지도 많은 은혜를 주는 그 일부 내용은 이러하다.

"오늘날에도 주님의 나라를 좋아하는 자는 많지만, 십자가를 지고자 하는 자는 심히 적다. 주님의 위로를 받고자 하는 자는 많이 있지만, 주님과 함께 고난 받고자 하는 자는 거의 없다. 주님의 만찬을 나누고자 하는 자는 많지만, 금식을 하고자 하는 자는 매우 적다. 또한 주님과 함께 기쁨을 누리고자 하는 자는 많지만, 주님을 위해 고통을 나누려 하는 자는 매우 적다. 많은 사람이 자신에게 어려움이 오지 않을 때만 주님을 사랑한다."

"예수님 없이 세상이 당신에게 무엇을 줄 수 있단 말인가? 예수님이 없다는 것은 가장 무서운 지옥이며 예수님과 함께 하는 삶은 하늘의 행복이다. 예수님이 당신과 함께하시면, 아무도 당신을 해칠 수가

예수님을 본받으려 했던 사람

없다. 예수님을 친구로 발견한 자는 최상의 보화와 최고의 선을 갖는 것이다. 예수님을 잃은 자는 모든 세계보다도 더 많은 것을 잃는 것이다. 예수님 없이 사는 자는 가장 가난한 삶을 사는 자며, 예수님과 함께 사는 자는 세상에서 가장 부요한 자이다."

"주여, 내가 보는 피상적인 것에 따라 판단치 말게 하옵소서. 무지한 사람에게서 들은 것에 영향 받지 말게 하시고, 영적인 것과 물질적인 것에 참된 판단을 하게 하시고, 무엇보다도 당신의 뜻과 선을 기뻐하게 하소서."

"모든 것은 십자가 위에 있다. 매일 십자가에 죽을 때만이 생명과 평화를 얻을 수 있다."

"항상 영적 위안만을 추구하는 자는 고용인에 지나지 않는다. 이들은 늘 자신들의 유익과 소득만을 생각하는 자들이며, 주님을 사랑하지 않는 자이다."

"나는 삼위일체의 정의에 관하여 아는 것보다는 차라리 죄에 대하여 참회하는 마음을 가져야 한다고 본다. 만일 여러분이 성경의 모든 구절을 외우고 또 모든 신학자들의 주석을 알고 있다고 할지라도, 하나님의 사랑과 은혜를 알지 못한다면 이것이 무슨 유익이 될 것인가?"

"사람이 만일 온 천하를 얻고도 제 목숨을 잃으면 무엇이 유익하리요 사람이 무엇을 주고 제 목숨을 바꾸겠느냐" (마 16:26)

하버드 대학 설립자

하버드

John Harvard (1607-1638)

존 하버드의 교육에 대한 비전이 지금의 하버드 대학을 만들었다.

미국 매사추세츠주 케임브리지 시에 있는 하버드 대학은 1636년에 미국 최초로 설립된 사립대학이자 현재까지 최고의 명문 대학으로, 설립자 하버드의 이름을 따서 명명되었다. 이 대학의 설립 취지는 '그리스도와 그의 교회'를 위한 것으로, 하버드 대학 정문에는 지금까지 이런 문구가 새겨져 있다.

"하나님이 우리를 뉴잉글랜드에 안전하게 인도하여 주신 후, 우리는 우리의 집을 지었고 생활에 필요한 모든 것을 얻을 수 있었다.

또한 하나님께 예배드릴 수 있는 안락한 장소를 마련하였고, 시민 정부도 세울 수 있었다.

우리가 고대하고 있는 것 중의 하나는 지식을 배워 나가는 것이다. 그래서 그 배운 지식을 우리 세대에서 그치지 않고 우리 후대에까지 물려주어야 할 것이다."

또한 하버드는 이런 말을 남겼다.

"모든 학생들로 하여금 자신들의 생의 궁극적인 목적들을 진지한 태도로 생각하도록 가르쳤다. 이렇게 함으로써 영원한 생명이신 하나님과 예수 그리스도를 알게 했다.

하버드 대학 설립자

또 이를 통해 모든 지식의 유일한 근원으로서 그리스도를 깨닫게 된다. 나아가 주님만이 지혜를 주실 수 있는 유일한 분이심도 알게 된다.

모든 학생들이 기도를 통해서 그리스도가 주님이며 만물의 창조자라는 것을 은연중에 깨닫게 하였다."

"지혜 있는 자에게 교훈을 더하라 그가 더욱 지혜로와질 것이요 의로운 사람을 가르치라 그의 학식이 더하리라 여호와를 경외하는 것이 지혜의 근본이요 거룩하신 자를 아는 것이 명철이니라"

(잠 9:9~10)

근대 심리학의 아버지

윈리엄 제임스
William James (1842-1910)

하나님을 떠나면 결국은 인간 중심의 생각에 지배되기 마련이다.

윌리엄 제임스는 근대 심리학의 아버지로서, 하버드 대학을 졸업한 후 모교에서 심리학 교수로 일했다.

하버드 대학의 많은 학자가 인본주의로 흘러가고 있을 때 그는 굳게 신앙을 견지함으로 사람들에게 많은 영향을 주었다.

그는 친구 토마스 데이비드에게 나이를 먹어감에 따라 자신은 하나님 없이는 하루하루를 보내기 더욱 어렵다고 편지를 쓴 적이 있다.

그는 이렇게 강조했다.

"일어난 일을 그대로 받아들여라. 그것을 받아들이는 것은 불행한 결과를 극복하는 첫걸음이다.

"생각이 행동을 지배하고, 행동은 습관을, 습관은 성격을, 성격은 운명을 지배한다."

"무릇 지킬 만한 것보다 더욱 네 마음을 지키라 생명의 근원이 이에서 남이니라" (잠 4:23)

고난을 이겨낸 전도자

조니 에릭슨
Joni Eareckson Tada (1950~ 현재)

주님 안에서의 기쁨은 절망을 이기고 고난을 극복할 수 있는 힘을 준다.

미국의 조니 에릭슨은 평신도 전도자로 미국 신자들에게는 널리 알려져 있는 여성이다. 그녀는 과거 미국에서 국가대표선수로 다이빙 분야에서 미국 제1인자였다.

하지만 그녀는 1967년 6월 30일, 수심이 낮은 강인 줄 모르고 다이빙을 하다가 강바닥에 머리를 부딪혀 전신 마비 환자가 되고 만다. 그때 그녀의 나이는 17세였다. 그녀는 하루 아침에 바뀐 자신의 운명으로 말미암아 고통과 절망 가운데 살아갔다.

그러나 그 이전부터 신앙을 갖고 있었던 그녀는 그 고난을 신앙으로 극복하고는 구화(口話)를 그려 전시회를 열기도 하고 또 TV나 라디오 프로그램을 통해 수많은 사람들에게 열심히 복음을 전하는 자가 되었다. 특히 '조니와 친구들'이라는 단체를 통해 자신과 같은 신체장애자들에게 용기를 주며 전도하는 자가 되었다.

그녀의 자서전은 300만 부 이상 팔림으로써 미국 최고의 베스트셀러 중 하나가 되었는데 그 책에서 그녀는 이렇게 말했다.

"나는 행복하며 어떤 것도 나의 이 행복을 깨뜨리지 못할 것입니다. 하나님이 특별히 저를 사랑하심으로써 저의 인생에 개입하셔서

고난을 이겨낸 전도자

오늘의 내가 있게 된 것을 매우 감사하게 생각합니다. 그 사건으로 인해 나는 그리스도를 닮은 인격을 갖게 되었으며, '고난 가운데 기뻐하라' 라는 바울의 말을 이해할 수 있게 되었고, 또한 내가 고난당함으로써 고난중에 있는 형제들을 위로할 수 있게 되었습니다(고후 1:4)."

"나는 변덕스럽지만 하나님은 불변하시며, 나는 신실치 못하지만 하나님은 신실하십니다. 야고보는 당시 사자에게 몸이 찢겨 순교당하는 성도들에게 편지를 보냈는데, 저의 고난은 거기에 비하면 아무 것도 아닙니다."

"그리스도를 위하여 너희에게 은혜를 주신 것은 다만 그를 믿을 뿐 아니라 또한 그를 위하여 고난도 받게 하심이라" (빌 1:29)

하나님 앞에 정직했던 사업가

콜게이트
William Colgate (1783-1857)

하나님 안에서 정직하게 행하라.

미국의 콜게이트사는 비누와 치약회사로 세계적으로 유명하다. 콜게이트는 17세 때 뉴욕으로 가는 배에서 우연히 만난 한 노인과 대화를 나누게 되었다.

그가 뉴욕에 돈을 벌기 위해 간다고 하자, 노인은 이렇게 물었다.

"젊은이는 전에 무엇을 했었나? 무슨 기술이라도 있는가?"

"아뇨, 아무것도 없습니다. 전에 삼촌 집에서 비누 만드는 일을 해 본 적이 있을 뿐입니다."

"좋아. 그렇다면 뉴욕에 가면 비누를 만들어 보게. 그러면 성공할 수 있을 거야. 하지만 자네 명심할 것이 하나 있는데, 자네가 비누를 만든다고 하면 진실한 자세로 누구든지 믿을 수 있는 비누를 만들어야 한다는 점이네.

이것이 성공의 비결일세. 값을 논하지 말고 품질을 좋게 하여 신용을 얻어야 하며 남을 속이거나 기만하지 말아야 하네. 그리고 한 가지 더 말할 것이 있는데 하나님을 잘 섬겨야 한다는 점일세."

이 우연한 만남은 콜게이트로 하여금 평생을 좌우하는 일이 되었

하나님 앞에 정직했던 사업가

다. 그는 이 노인의 충고를 잊지 않고 뉴욕에 가서 비누 만드는 일을 시작하게 되었고 또한 신용과 정직으로 일관했다. 그리고 그 노인의 말대로 무엇보다도 철저히 신앙생활을 하는 것을 잊지 않았다.

"여호와께서 집을 세우지 아니하시면 세우는 자의 수고가 헛되며 여호와께서 성을 지키지 아니하시면 파수꾼의 경성함이 허사로다" (시 127:1)

청년을 일깨운 YMCA창설자

윌리엄스
George Williams (1862-1905)

새벽이슬 같은 주의 청년들이 되자.

영국 런던에서 가난한 피복공 생활을 하던 윌리엄스는 16세 때 우연히 교회에서 들은 목사님의 설교에 큰 감화를 받고는 지금까지 자기중심적인 삶을 살아온 자신의 지난날을 깊이 반성하게 되었다.

그는 그 이후 몇 명의 동료와 함께 기도회를 가졌다. 그리고 그는 봉급이 적어 자신의 생계도 연명하기 쉽지 않았지만, 하나님의 일을 위해 모든 봉급을 아끼지 않고 드렸으며 이로 인해 끼니를 거르게 된 적이 한두 번이 아니었다.

하지만 시간이 흘러갈수록 그의 하나님께 대한 신앙과 헌신으로 인해 주위에 많은 사람이 모이게 되었고 그의 기도회는 점점 확대되어 갔다. 이렇게 하여 발전하게 된 것이 바로 YMCA이다. 1884년, 그의 나이 22세 때의 일이다.

이 YMCA운동은 유럽과 미국으로 확산되었으며, 마침내 1855년에는 'YMCA 세계연맹'이 결성되고, 여기서 '파리기준'(Paris Basis)이 발표되었는데 그 내용은 다음과 같다.

"크리스찬 청년은 예수 그리스도를 성경대로 하나님과 구세주로 믿으며, 이 믿음과 생활에서 그의 제자가 되기를 원하는 청년들을 하

청년을 일깨운 YMCA 창설자

나로 뭉치며, 또한 그 힘을 합하여 청년들 가운데 하나님 나라가 확장되도록 하는 것을 목적으로 한다."

영국의 여왕은 대영제국의 자랑 셋이 있는데 그것은 성경과 셰익스피어와 윌리엄스라고 했다.

"너는 청년의 때 곧 곤고한 날이 이르기 전, 나는 아무 낙이 없다고 할 해가 가깝기 전에 너의 창조자를 기억하라" (전 12:1)

미국 자동차 왕

헨리 포드
Henry Ford (1863-1947)

헨리 포드는 꿈을 이루기 위해 기도하는 사람이었다.

미국 미시간주의 농가에서 태어난 헨리 포드는 어렸을 때 너무 가난하여 초등학교도 제대로 다니지 못했다.

하지만 그의 꿈과 포부만은 대단했고, 특히 사물을 보는 관찰력은 남달랐던 것으로 알려져 있다. 소년 시절부터 기계에 흥미가 있었던 그는 15세에 기계공이 되어 자동차 제작에 몰두했다.

그가 자동차에 대해 꿈을 갖게 된 것은 어느 날 자기 옆을 지나가는 마차를 물끄러미 바라다보면서 "내가 말(馬) 없이 가는 차를 만들겠다"라고 생각한 이후부터였다. 한 때 그의 회사가 만든 자동차가 전 세계의 자동차 70%를 차지할 정도로, 그는 명실상부한 자동차 왕이 되었다. 특히 그는 포드주의(Fordism)라 불리는, 컨베이어에 의한 대량 생산 시스템을 개발하여 물품 생산에 있어서 획기적인 방법을 창안해 낸 장본인이기도 하다.

디트로이트에 세워져 있는 그의 기념관에는 그의 대형 초상화가 걸려 있는데, 그 아래에는 이런 글이 적혀 있다.

"헨리 포드는 꿈을 꾸는 사람이었고 그의 아내는 믿음의 사람이었다."

미국 자동차 왕

　포드는 제 1차 세계대전 당시, 미국 대통령이었던 우드로우 윌슨과 매일 성경 한 장을 꼭 읽자고 서로 굳게 약속했는데, 훗날 그것에 대해 이렇게 회상했다.

　"나는 약속을 지켰어. 그 친구 역시 죽을 때까지 그 약속을 성실히 지킨 것으로 알고 있어."

　데일 카네기가 어느 날 포드를 만나러 갔다가 깜짝 놀랐다. 그는 포드가 세계 최대의 사업가 중 하나인데다가 당시 78세였으므로 피로에 지친 얼굴 모습을 하고 있을 것으로 생각했기 때문이다. 카네기가 물었다.

　"사업을 하면서 고민한 일이 없었습니까?"

　"없었습니다. 무슨 일이든지 하나님이 주관하고 계십니다. 하나님은 내 의견을 필요로 하시지 않습니다. 하나님이 책임을 지는 한, 만사는 결국 가장 좋은 것이 되어 가고 있음을 믿습니다. 고민할 것이 왜 있겠습니까?"

　"아무것도 염려하지 말고 오직 모든 일에 기도와 간구로 너희 구할 것을 감사함으로 하나님께 아뢰라" (빌 4:6)

전신기를 발명한 화가

모스
Samuel Finley Breese Morse (1791-1872)

모스는 자신의 재능과 아이디어가 하나님께로부터 온 것이라고 고백했습니다.

모스는 전신을 발명한 자로 유명하지만, 그 이전에는 미국 최고의 화가 중 하나로도 유명했다.

그는 예일대학에서 공부하여 화가가 되었고 뉴욕대학의 미술 교수를 지내기도 했다.

유럽에서 2년여 동안 작품 활동을 한 후에 미국으로 되돌아가다가 최신 전자기학(電磁氣學)에 관해서 알고는 그는 이렇게 기도했다.

"하나님, 저로 하여금 특별한 재능이 있게 하셔서 하나님이 창조하신 만물을 보고 묘사할 수 있도록 하여 사람들의 마음을 기쁘게 하심을 감사합니다. 하나님, 바라옵기는 저를 더 사랑하사 전신을 발명할 수 있는 총명을 허락하여 주옵소서."

그는 1년 7개월 동안의 노력 끝에 기도의 응답을 받아 드디어 전신을 발명할 수 있게 되었다. 그리고 전신기를 완공하여 축하식을 거행할 때 제일 첫 통신으로 성경 구절을 발신하였다. 그 이후에 각국에서 전신을 개통할 때는 반드시 먼저 신약 성경 한 구절을 송신하는 전통이 있게 되었다.

그는 전신기 발명에 성공한 후 이렇게 말했다.

전신기를 발명한 화가

"사람들은 이 발명품에 대하여 내게 찬사를 많이 보내주지만 사실 나는 그런 찬사를 받을 자격이 없습니다.
　내가 다른 사람들보다 우수하기 때문이 아니라, 하나님께서 인류를 위하여 누군가에게 그것을 알리셔야만 했으며 그 대상이 바로 저였을 뿐입니다. 이것은 하나님이 주신 선물입니다."

"누가 주께 먼저 드려서 갚으심을 받겠느뇨 이는 만물이 주에게서 나오고 주로 말미암고 주에게로 돌아감이라 영광이 그에게 세세에 있으리로다 아멘" (롬 11:35~36)

신앙과 야망을 심어준 사람

윌리엄 클라크
William Smith Clarke (1826-1886)

윌리엄 클라크는 젊은이들이 주님 안에서 포부와 야망을 가질 것을 강조했다.

"소년들이여, 꿈을 가져라."(Boys, be ambitious)

이 유명한 말을 한 사람은 미국인 윌리엄 클라크였다.

그는 일본 삿포로 농과 대학에 교환 교수로 갈 때 생물학 책보다 성경을 더 많이 가져갔다. 그때 삿포로 농과 대학 측은 생물학 교수에게 그렇게 많은 성경이 왜 필요하냐고 하면서 성경은 가르칠 수 없다고 했다.

그러자 그는 배를 돌려 다시 미국으로 돌아가겠다고 했다. 삿포로 농과 대학은 하는 수 없이 그에게 성경을 가르치는 것을 허용하되, 반드시 수업 시간 외에만 할 수 있도록 했다.

그가 미국으로 되돌아가던 날에 수많은 제자가 그를 전송하려고 모였을 때, 그는 "소년들이여, 꿈을 가져라"라는 말을 해 주었다.

이 말 다음에는 다음과 같은 말이 이어지고 있다.

"청년들은 커다란 포부를 갖고 드넓은 미래를 지향하며, 어떤 위대한 인간도 될 수 있다는 가능성이 있음을 잊지 마라. 청년의 가슴은 모름지기 끝없는 희망으로 가득 차 있어야 한다."

신앙과 야망을 심어준 사람

그의 제자 중에는 일본 사회에 큰 영향을 미친 정신적 지도자 우찌무라 간조가 있다.

"하나님이 가라사대 말세에 내가 내 영으로 모든 육체에게 부어 주리니 너희의 자녀들은 예언할 것이요 너희의 젊은이들은 환상을 보고 너희의 늙은이들은 꿈을 꾸리라 그 때에 내가 내 영으로 내 남종과 여종들에게 부어 주리니 저희가 예언할 것이요"

(행 2:17~18)

템플 대학 설립자

러셀 콘웰
Russell Herman Conwell (1843-1925)

하나님께서는 합력하여 선을 이루신다.

콘웰 대령은 고아 하나를 부대에서 돌보아 주었다. 그러던 중 하루는 전투를 하다가 후퇴를 하게 되었는데 그는 너무 급히 후퇴를 하느라 지휘봉을 적진에 두고 오게 되었다.

그는 매우 염려하게 되었다. 그런데 마침 고아 아이가 그 사실을 알고 적진에 몰래 들어가 지휘봉을 찾아왔다.

하지만 그 아이는 적군에게 총탄을 맞고서는 콘웰 앞에서 피를 흘린 채 쓰러지면서 죽어가고 있었다.

콘웰이 부둥켜안고 슬퍼하고 있을 때, 그 아이는 "저는 죽는 것이 아니라 더 좋은 예수님 곁으로 가는 거예요"라는 말을 남기고는 눈을 감았다.

이 아이의 믿음에 감동한 콘웰 대령은 제대 후 곧 자신의 전 재산을 팔아 교회와 대학을 세웠다. 그것이 바로 미국 보스턴에 있는 골든 콘웰 교회와 템플 대학이다.

"한 알의 밀이 땅에 떨어져 죽지 아니하면 한 알 그대로 있고 죽으면 많은 열매를 맺느니라" (요 12:24)

인간의 내면을 성찰한 작가
로버트 스티븐슨
Robert Louis Balfour Stevenson (1850-1894)

스티븐슨은 잘못을 인정하고 용서를 구하는 용기를 지녔다.

로버트 스티븐슨은 「보물섬」과 「지킬 박사와 하이드」로 유명한 문학가이다.

하지만 그는 어렸을 때부터 허약한 체질이었으며 성인이 되어서는 폐결핵으로 고생했다. 하지만 요양을 위해 여행을 많이 한 것이 오히려 그에게 수필과 기행문을 쓰는데 많은 도움을 주었다.

그는 약한 몸 때문에 늘 집에 갇혀 있다시피 했는데, 유명한 「보물섬」은 아내가 데려온 아이들을 즐겁게 해 주기 위해서 집필한 것이었다.

그는 자신의 대표작인 「지킬 박사와 하이드」에서 겉으로는 선한 듯하지만 속으로는 악한 인간의 양면성을 고발하였다. 지킬 박사는 유명한 과학자요 자선사업도 많이 하는 점잖은 신사지만, 낮에만 그렇게 행동할 뿐 밤만 되면 온갖 악을 저지르는 하이드로 변신한다. 착한 인간성의 지킬 박사가 점차 하이드 쪽으로 기울어져 결국 비참한 최후를 맞게 된다는 것이 그 줄거리다. 하이드란 영어로 숨긴다는 뜻으로, 그는 인간에게는 악한 요소가 숨어 있음을 보여주고자 했던 것이다.

인간의 내면을 성찰한 작가

스티븐슨은 그런 병약한 가운데서도 매우 신앙적으로 살았다. 그는 매일의 일과를 가정 예배로 시작했다. 이와 관련해서 이런 일화가 있다.

어느 날 아침 그의 식구들은 여느 때처럼 예배를 드렸다. 마지막으로 주기도문을 외울 순서가 되었다.

"하늘에 계신 우리 아버지… 우리에게 죄 지은 자를… 죄 지은 자를…."

그는 갑자기 더듬거리다가 자기의 서재로 들어가는 것이었다. 가족들은 늘 병약하여 병상에 누워있던 그가 몸이 갑자기 좋지 않게 된 것으로 알고 걱정했다.

하지만 그것은 전날에 있었던 한 동료 문학가와의 말다툼 때문이었다. 그 일로 인해 그는 주기도문을 욀 수 없었던 것이었다. 그는 결국 그를 찾아가 용서를 빌었다.

그러자 동료는 말했다.

"아니야, 내가 잘못했는데, 왜 자네가 빌어야 하나. 오히려 자네가 나를 용서해 주어야 하네."

"내가 너를 불쌍히 여김과 같이 너도 네 동관을 불쌍히 여김이 마땅치 아니하냐"(마 18:33)

믿음을 지킨 순교자

폴리갑
Polycarp (80-166)

하나님께서 함께하시기에 어디든지 갈 수 있습니다.

초대교회의 서머나 주교였던 폴리갑을 체포한 수사관이 그에게 황제 앞에서 맹세하며 그리스도를 저주하면 석방하겠다고 하면서 몇 번이고 설득했다.

하지만 그는 이렇게 말했다.

"내가 86년 동안 그분을 섬겨오는 동안 그분은 한 번도 나에게 잘못하신 일이 없다. 그런데 내가 어찌 나를 구원하신 주님을 저주할 수 있는가? 나는 그리스도인이다."

그리고 그는 화형에 처해질 때 주님께서 자신을 화염에서 견딜 수 있도록 힘을 주실 것이므로 손에 못을 박지 않아도 된다고 했다.

그는 순교 당하면서도 이렇게 기도했다.

"주님, 저를 이토록 의미 있고 중요한 시대에 살도록 하여 주심을 감사하옵니다."

"나를 보내신 이가 나와 함께 하시도다 내가 항상 그의 기뻐하시는 일을 행하므로 나를 혼자 두지 아니하셨느니라" (요 8:29)

죽음을 각오한 순교자

이그나티우스
Ignatius Theophoros (?-110)

소망이 있기에 죽음도 각오할 수 있습니다.

초대교회의 안디옥 주교였던 이그나티우스 역시 로마로 압송되어 순교를 당했는데, 이 압송 도중에 7편의 편지를 보냈는데, 그 가운데는 이런 글이 있다.

"내 몸에 불을 지르고 십자가를 지게 하고 사나운 맹수로 하여금 나의 몸을 갈기갈기 찢어 놓을지라도 나는 예수 그리스도만을 기뻐하리라. 온 세상을 통치하는 것보다도 주님을 위해 죽는 것이 내게는 더 영광스럽도다. 사탄의 공격과 유혹을 받을 때 흔들리지 말고 굳세게 서시오. 우리의 생은 비록 상처를 입기는 하겠지만 결국은 승리로 끝나게 될 것입니다."

"기록된바 우리가 종일 주를 위하여 죽임을 당케 되며 도살할 양같이 여김을 받았나이다 함과 같으니라 그러나 이 모든 일에 우리를 사랑하시는 이로 말미암아 우리가 넉넉히 이기느니라"

(롬 8:36~37)

진정한 참회를 경험한 신앙인

어거스틴
Aurelius Augustinus (354-430)

하나님을 아는 것이 가장 귀하다.

어거스틴은 젊은 시절에 방탕한 생활을 즐겼고 세속주의에 깊이 물들어 있었다. 그러던 그는 어머니의 끈질긴 기도 덕분에 32세 때 회심을 했는데, 그가 얼마나 철저히 주님 앞에서 회개했는지는 그의 참회록에 잘 묘사되어 있다. 그의 말 가운데는 이런 것이 있다.

"어리석은 기쁨이 없어졌으니 제겐 이 얼마나 기쁜 일입니까? 저는 전에 어리석은 쾌락을 잃을까 두려워했지만, 이제는 그것을 버리는 것이 제 기쁨이 되었습니다. 주님께서 그와 같은 어리석은 쾌락을 제게서 떼어 버리셨기 때문입니다."

"우리 마음이 당신 안에서 안식을 얻기까지는 참 평안함이 없습니다."

"꽃들이 태양을 향해 자라는 것처럼 인간의 내적 갈망은 하나님을 향한다."

"하나님을 아는 것이 최상의 행복이다."

또한 그에게는 이런 일화가 있다. 어느 날 그가 길을 걸어가는데 한 여자가 아는 체를 했다. 그가 과거 방탕한 생활 때 알았던 여자였다.

진정한 참회를 경험한 신앙인

그가 말했다.

"잘못 봤습니다. 저는 더 이상 옛날의 어거스틴이 아닙니다."

어느 날 어거스틴은 교리 문제 등으로 머리가 아파 해변으로 나가 거닐고 있었다. 그런데 한 소년이 조개껍질 속에 물을 담아다가 모래 위에 만든 구멍 속에 붓는 것을 보았다. 그가 소년에게 물었다.

"얘야, 무엇을 하는 거니?"

"예. 이 구멍에 바다를 옮겨 놓으려 하고 있어요."

어거스틴은 여기서 자신의 조그마한 머리에 하나님의 무한한 것을 가두려 하는 자신의 어리석음을 깨달았다.

> "하나님의 미련한 것이 사람보다 지혜 있고 하나님의 약한 것이 사람보다 강하니라" (고전 1:25)

종교개혁에 불을 붙인 신학자
루터

Martin Luther (1483-1546)

의인은 오직 믿음으로 말미암아 살리라.

오늘날 기독교가 있게 된 것은 루터에 의해서이다. 그는 1517년 10월 31일 카톨릭의 면죄부에 대한 잘못을 담은 95개조 항의문을 발표하게 되는데, 그 내용은 순식간에 많은 사람에게 읽혔고, 종교개혁을 일으키는 도화선이 되었다.

루터는 결국 파문당했고 1521년 찰스 5세 황제에게 호출명령을 받아 보름스로 가게 되었다. 그때 그는 "만일 사탄이 지붕 위의 기와들 만큼 많이 있다고 할지라도 그곳에 가겠다"라는 유명한 말을 했다. 그는 죽으러 간다고 생각하면서 동료인 멜랑히톤에게 이렇게 말했다.

"만일 내가 돌아오지 않으면 나의 적들이 나를 죽음에 던진 것으로 알고, 당신은 진리를 가르치기를 계속하고 진리에 굳게 서시오. 당신이 산다면 나의 죽음은 전혀 상관없습니다."

그는 황제 및 추기경들 앞에서 재판을 받았고 그의 생각을 철회할 것인지에 관해 심문받았을 때 이렇게 선언했다.

"저는 제가 인용한 성경에 붙들려 있으며 저의 양심은 하나님의 말씀에 포로가 되어 있습니다. 저는 아무것도 철회할 수 없으며 또 하지 않을 것입니다. 왜냐하면 양심에 거슬려 행동하는 것은 안전하지도 옳지도 않기 때문입니다. 저는 달리 어떻게 할 수 없어 여기에 서

종교개혁에 불을 붙인 신학자

있으니, 하나님이 나를 도와주시기만 바랍니다. 아멘."

실로 이 선언은 루터가 목숨을 건 말로서 실제로 이전에 사보나롤라와 존 후스는 구교에 대항하는 말을 했다가 화형을 당하기까지 했다. 결국 그는 그를 아끼는 한 제후의 도움으로 바르트부르크에 숨어 지내게 되는데, 그동안 종교개혁의 불길은 유럽 전역으로 번져나가고 있었다. 그는 믿음으로 구원받는다는 진리를 가르쳤으며, 하나님과 우리의 관계를 이렇게 설명했다.

"술 취한 친구를 말에 태워 집에 보내는 것은 매우 어려운 일이다. 이쪽에서 올리면 저쪽으로 떨어지고 저쪽에서 올리면 이쪽에서 떨어진다. 방법이 있는데, 그것은 다른 친구가 함께 안장에 앉아 가는 것이다. 우리는 영적으로 술 취한 사람보다 더한 존재이다. 방향 감각도 없고 어떻게 해야 할지도 모른다. 이렇게 불안한 우리가 안전하게 살아갈 수 있는 하나의 방법은 오직 하나님이 함께 해 주시는 것뿐이다."

찬송가 「내 주는 강한 성이요」는 루터가 핍박받을 때 지었던 것으로, 시인 하이네는 이 찬송을 가리켜 "종교개혁의 개선가"라고 했다. 그의 묘비에는 "내 주는 강한 성이요"라고 새겨져 있다.

그는 이런 말을 했다.

"내 마음속에 사는 것은 루터가 아니라 오직 예수이시다."

"복음에는 하나님의 의가 나타나서 믿음으로 믿음에 이르게 하나니 기록된바 오직 의인은 믿음으로 말미암아 살리라 함과 같으니라" (롬 1:17)

남편을 깨우친 현명한 아내

카타리나

Katharina von Bora (1499-1550)

훌륭한 남편 뒤에는 훌륭한 아내가 있다.

루터의 신앙도 뛰어났지만 그의 아내 카타리나의 신앙 또한 이에 못지 않았다. 종교개혁을 하면서 한번은 루터가 너무도 많은 대적자로 말미암아 침울해 있었다. 그러던 중 하루는 방에 들어가다가 그의 아내가 하얀 상복을 입은 채 우는 모습을 보고 깜짝 놀랐다.

"무슨 일이예요. 누가 죽었단 말입니까?"

"하나님이 죽었어요. 그래서 슬퍼 우는 거랍니다. 흑흑…."

"아니, 영원불변하신 하나님이 왜 죽으신단 말이오? 말도 되지 않습니다."

"그런데 왜 당신은 영원불변하신 하나님이라고 하면서 그렇게 하나님이 죽으신 것처럼 지내고 있어요?"

그제야 루터는 아내가 그렇게 행동하게 된 뜻을 알고는 다시 용기를 얻어 종교개혁에 박차를 가하게 되었다.

"오직 여호와를 앙망하는 자는 새 힘을 얻으리니 독수리의 날개 치며 올라감 같을 것이요 달음박질하여도 곤비치 아니하겠고 걸어가도 피곤치 아니하리로다" (사 40:31)

종교개혁의 작은 거인

칼빈
John Calvin (1509-1564)

하나님을 사랑해야 주의 일에 열심을 낼 수 있다.

최고의 종교개혁가 중의 한 명이었던 칼빈의 묘 위에는 J. C. 라는 글자만 새겨져 있다. 이것은 사후에 자신에 대한 어떠한 숭배도 원치 않았던 그의 유언에 따른 것으로 죽는 그날까지 그가 얼마나 하나님의 영광만을 위해 살려고 했는지를 알게 해준다.

1509년 프랑스 북부 노용에서 태어난 칼빈은 27세 때 기독교의 교리적 기틀을 잡아준 책인 「기독교 강요」를 저술했다. 이 책의 저술을 다 마칠 즈음 그는 제네바에 잠시 들른 일이 있었는데, 제네바의 종교 개혁자들의 지도자인 파넬이 그에게 제네바에서 떠나지 말고 머물도록 강요했다.

그냥 학자로서 살아가고자 했던 칼빈은 어쩔 수 없이 제네바에 남아 제네바를 성역화하는 일을 감당하게 된다. 칼빈은 주님을 위해 혼신의 힘을 쏟다가 55세의 나이로 세상을 떠났는데, 그가 남긴 기독교적 업적은 매우 컸다. 존 낙스는 칼빈의 제네바 개혁을 가리켜, "사도시대 이래 지구상에 존재했던 그리스도의 가장 완전한 학교이다"라고 말했다.

그는 하트표시의 불타는 가슴을 손에 잡은 그림과 함께 새겨진 다

종교개혁의 작은 거인

음과 같은 말을 담은 표식을 자신의 코트에 매고 있었다.

"나의 마음을 당신의 뜻을 위해 기쁘고도 신실하게 드리나이다."

그는 이를 자신의 필생의 모토로 삼았던 것이다.

"그런즉 너희가 먹든지 마시든지 무엇을 하든지 다 하나님의 영광을 위하여 하라" (고전 10:31)

하나님의 나팔수

존 낙스
John Knox (1514-1572)

무슨 일이든 기도와 간구로 구하라.

'하나님의 나팔수'라고 불렸던 존 낙스는 루터, 칼빈과 함께 위대한 종교개혁가의 하나로 손꼽힌다.

스코틀랜드의 종교개혁을 위해 목숨을 걸다시피 하였던 그는 임종할 때에 다음과 같은 기도를 몇 번이고 결사적으로 드리고 있었다.

"오! 주님이시여, 스코틀랜드를 주옵소서. 그렇지 않으면 종이 죽겠나이다."

그의 이런 간절한 기도가 응답 되어 스코틀랜드는 종교개혁이 이루어지게 되었다. 당시 그와 격렬한 신앙적 논쟁을 벌였던 스코틀랜드의 메리 여왕은 이렇게 말했다.

"내가 이 세상에서 가장 두려워하는 것은 이름난 장군이 거느리고 오는 수만의 군대가 아니라 바로 존 낙스의 기도이다."

그의 비문에는 이렇게 기록되어 있다.

"여기 하나님 외에는 아무도 두려워하지 않은 이가 잠들다."

"그런즉 이 일에 대하여 우리가 무슨 말 하리요 만일 하나님이 우리를 위하시면 누가 우리를 대적하리요" (롬 8:31)

작가가 된 땜장이

존 번연

John Bunyan (1628-1688)

이 세상이 아니라 주님에게 우리의 소망을 두자.

존 번연은 가난한 땜장이 부모의 아들로 태어나 대장간 일을 하며 자랐다. 그는 철저한 무신론자였지만, 1647년 독실한 신앙을 가진 여성과 결혼하면서 주님을 믿게 되었다.

1655년에 집사 안수를 받고 그는 복음을 전하는 일에 전념하였는데, 그때 수많은 사람이 예수님을 영접하였다. 당시의 왕정은 복음을 전하는 일을 금지했는데도 그는 계속해서 복음을 전했고 이 일로 인해 12년 동안 감옥에 갇히게 된다. 하지만 그는 그곳에서 기독교인들이 성경 다음으로 많이 읽는 「천로역정」을 저술했다.

학교에는 전혀 가보지도 못한 그가 성경만 열심히 읽고서도 가장 위대한 비유적 산문체로 이 작품을 만들었다는 사실은 일반 문학사에도 기적으로 받아들여지고 있다.

그가 옥중에 있을 때 간수가 찾아와 "오늘이라도 옥외 전도를 하지 않겠다고 하면 당장 풀어 줄 수 있다"라고 말하자, 그는 이렇게 대답했다.

"당신이 나를 당장 풀어 준다면 나는 나가자마자 옥외 전도를 다시 시작할 것입니다."

작가가 된 땜장이

「천로역정」에서 주인공 크리스챤은 하늘의 도성에 이르기 전에 통과하는 '허영의 시장'을 이렇게 묘사하고 있다.

"황야 밖에 나왔을 때 두 사람은 바로 그 앞에 허영이라는 이름의 마을을 보았다. 그곳에는 '허영의 시장'이라는 장이 서고 있었다. 그것은 일년내내 서며, 이 이름을 갖게 된 것은 그 장이 서는 마을이 허무한 것보다 더 가벼우며 그곳에서 팔고 있거나 그곳으로 가고 있는 모든 것이 허영이기 때문이다."

"그 장은 모든 종류의 허영을 팔고 있다. 집, 토지, 지위, 명예, 직위, 나라, 왕국, 색욕, 환락, 쾌락 등이다. 또 이 장에서는 언제든 요술, 사기, 승부내기, 도박, 광대, 흉내쟁이, 악한, 불량배 등 갖가지 종류의 것을 볼 수 있다. 또 절도, 살인, 간통, 거짓말 등 그것도 유혈이 낭자한 것을 더구나 무료로 볼 수 있다."

이러한 허영의 시장에 대한 묘사는 이 시대의 모습을 그대로 보여주는 듯하다. 이 「천로역정」은 한 신자의 처음 믿을 때부터 죽어 천국에 들어갈 때까지의 신앙 과정을 묘사하고 있는 글이다.

처음 그가 집을 떠날 때는 그의 가족들과 친지들, 그리고 친구들은 모두 그가 그 길을 떠나는 것을 비웃거나 미쳤다고 하면서 가지 못하게 만류하였다.

그는 떠날 때 낡은 옷을 입고, 등에 짐을 졌으며, 손에는 책을 한 권 들고 있었다. 그는 이 낡은 옷은 죄로 더럽혀져 있는 인간의 모습을, 등에 지고 있었던 짐은 우리의 죄 짐을, 그리고 손에 들고 있었던 책은 하나님의 말씀인 성경을 비유함으로써 우리가 성경을 통해서만

작가가 된 땜장이

우리의 죄 짐을 벗고 깨끗하게 되어 구원과 신앙의 승리를 얻을 수 있음을 보여주고자 했다.

존 번연은 이런 말을 남겼다.

"외형적이고 물질적인 것을 아무리 많이 가질지라도 마음에 평안함이 없는 자는 마치 발에 통풍병(痛風病)이 걸린 사람이 황금 슬리퍼를 신고 있는 것과 같다."

그에게는 많은 비난이 쏟아졌는데, 그 가운데는 "그 땜장이가 냄비와 양동이를 때우듯이 우리의 영혼까지 때우려고 한다"는 말도 있었다.

"진실로 각 사람은 그림자 같이 다니고 헛된 일에 분요하며 재물을 쌓으나 누가 취하는지 알지 못하나이다 주여 내가 무엇을 바라리요 나의 소망은 주께 있나이다" (시 39:6~7)

꼬마 식물학자

린네
Carl von Linne (1707~1778)

식물학자인 린네는 신앙의 눈으로 자연을 바라보고, 하나님이 창조하신 식물의 세계를 열정적으로 탐구했다.

스웨덴의 유명한 식물학자였던 린네는 8세 때 '꼬마 식물학자' 라는 별명을 얻을 만큼 어릴 때부터 식물들을 좋아했다.

그는 마침내 웁살라 대학의 식물학 교수가 되었는데, 이때 많은 학생이 그에게 배우기 위해 찾아왔을 정도로 그의 명성은 대단했다.

그의 저서「자연의 체계」는 오늘날까지 동식물을 분류하는데 사용되고 있는 속명(屬名)과 종명(種名)의 이명법(二名法)을 확립시킨 생물분류학의 보전(寶典)으로 알려져 있다.

독실한 신앙인으로서, 늘 자연 만물이 하나님의 창조물임을 강조했던 그는 학생들과 함께 들에 나가 꽃이 피는 것을 보고 이렇게 말했다.

"나는 하나님께서 영광중에 내 곁을 지나가시는 것을 보았다. 그리고 나는 하나님을 경배하기 위해 머리를 숙였다."

"내가 주께 대하여 귀로 듣기만 하였삽더니 이제는 눈으로 주를 뵈옵나이다" (욥 42:5)

르네상스의 천재

라파엘로
Sanzio Raffaello (1483-1520)

라파엘로는 자신의 불타는 신앙심을 그의 작품에 표현했다.

    화가 라파엘로는 레오나르도 다빈치, 미켈란젤로와 더불어 예술 분야에 있어서 르네상스의 3대 천재로 불리는 인물이다.
    그는 일찍이 어머니를 잃고 11세 때는 아버지마저 잃게 되었지만 이런 역경을 이기고 훗날 화가로서 뿐만 아니라 건축가로서도 명성을 떨치게 된다. 그에게는 이런 일화가 있다. 어느 날 그에게 한 사람이 "당신은 어떻게 그런 위대한 작품을 그릴 수 있습니까?"라고 질문하자 그는 이렇게 말했다.
    "특별한 비결은 없습니다. 다만 그림을 그리기 전에 하나님께서 그릴 그림을 내게 먼저 보여주십니다. 저는 내 마음으로 보는 그 그림을 캔버스에 옮겨 놓기만 할 뿐입니다."
    그가 그린 마지막 그림은 「산상변화」이다. 그의 장례 행렬 앞에 세워지기도 했던 이 그림은 위엄으로 가득 찬 예수님의 모습을 담고 있어 보는 이로 하여금 큰 감동을 준다.

    "아무든지 나를 따라오려거든 자기를 부인하고 자기 십자가를 지고 나를 좇을 것이니라" (마 16:24)

복음을 열망한 화가

뒤러

Albrecht Durer (1471-1528)

뒤러는 말씀에 충실해 작품을 만들었다.

우리는 주위에서 「기도하는 손」의 성화를 자주 목격하게 되는데, 이는 알브레히트 뒤러가 그린 것이다. 이 그림이 있게 된 이면에는 그의 친구와의 감동적인 우정이 있다. 그와 그의 친구는 둘 다 화가 지망생이었다. 하지만 둘 다 가난하여 그림 공부와 생활을 동시에 꾸려 나가야만 했다.

그러던 어느 날 친구는 뒤러에게 이런 제안을 했다.

"내가 먼저 돈을 벌고 넌 일단 그림 공부에만 전념하도록 해. 네 작품이 팔리어 형편이 나아지게 되면, 그때 나도 공부해도 늦지 않아."

뒤러는 한참 고민하다가 이에 동의하고는 열심히 그림 공부에 전념했다. 그러다 마침내 뒤러의 작품이 잘 팔리게 되고 그래서 친구도 공부를 할 수 있는 형편이 되었다.

하지만 그동안에 친구는 너무 고생한 나머지 손이 굳어서 더 이상 그림을 그릴 수 없을 정도가 되어 있었다. 슬픔에 빠져 있던 뒤러는 어느 날 친구가 뒤틀리고 마디가 굵어진 두 손을 모은 채 그를 위해 기도하는 모습을 보게 되었다.

참된 복음을 열망한 화가

그래서 뒤러 역시 기도하는 마음으로 즉시 연필로 친구의 손을 스케치했다. 그래서 탄생하게 된 것이 「기도하는 손」 그림이다.

독일 르네상스 시대에 살았던 뒤러는 유채화 100점, 목판 350점, 동판 100점, 그리고 데생 900점 등을 남겼는데, 이는 그가 얼마나 미술에 열정적이었는지를 잘 말해준다. 그의 뛰어난 작품으로는 「아담과 이브」, 「장미관의 성모」, 「동방 박사 세 사람」 등이 있다.

종교 개혁 당시에 살았던 뒤러는 종교 개혁에 대한 강한 열망을 가졌다. 그는 당시 많은 사람이 그러했듯이, 루터가 바르트부르크에 피신한 사실을 모른 채 그가 체포된 줄 알고 슬퍼하며 다음과 같은 일기를 썼다.

"그가 살아 있을까? 혹은 그들이 그를 죽이지나 않았을까? 나는 잘 알 수가 없다. 그는 기독교 진리를 위해 고난 당했고, 인간적 법률의 무거운 짐으로 그리스도로 말미암은 자유를 거부한 비기독교적 교황권을 정죄했다.

오 하늘에 계신 하나님, 저희에게 긍휼을 베풀어 주소서.

오, 주 예수 그리스도여, 당신의 양떼를 위하여 기도해 주옵소서. 우리를 구원하시고 우리 안에 올바른 기독교 신앙을 갖도록 하시고, 성경에 나타난 하나님의 말씀인 당신의 음성으로 널리 흩어져 있는 양떼를 불러 모아 주옵소서.

우리로 하여금 당신의 음성을 듣게 하시고 인간의 다른 유혹의 소리를 따르지 않게 하심으로써 우리가 주 예수 그리스도 당신에게서 떠나지 않게 해 주옵소서. 지고하신 하나님 아버지여, 당신의 아들 예

참된 복음을 열망한 화가

수 그리스도로 하여금 우리의 마음에 빛을 비춰 주게 하심으로써 우리가 어떤 종에게 순종해야 할지를 알게 하소서. 그래서 바른 양심으로 다른 잘못된 사람의 짐은 거절케 하시고 즐겁고도 기쁜 마음으로 당신께 복종케 하옵소서.

기독교의 진리를 위해서 뛰어난 루터를 당신에게 천거할 수 있도록 해 주옵소서. 저희는 그를 이 세상의 모든 부와 권력보다도 더 소중히 여기고 있습니다. 이 세상의 모든 것은 시간과 더불어 사라져 버리지만 오직 진리만 영원히 존재함을 믿고 있기 때문입니다."

"이 말씀은 나의 곤란 중에 위로라 주의 말씀이 나를 살리셨음이니이다" (시 119:50)

음악의 어머니

헨델

George Friedrich Handel (1685-1759)

하나님을 찬양하는 것은 세상의 그 무엇보다도 아름답다.

헨델은 뛰어난 작곡가로 그가 만든 곡마다 사람들에게 환호를 받았다. 하지만 이런 그를 시기한 사람들은 그의 곡이 발표되는 공연장마다 깡패를 보내어 공연장이 아수라장이 되게 하였다. 공연장들은 더 이상 헨델의 작품을 공연하려 들지 않아 그는 마침내 파산상태에 빠지게 되었다. 1737년에는 뇌졸증으로 인해 오른쪽 반신이 마비되는 불운까지 겪게 되었다.

그러던 어느 날 한 이름 없는 시인으로부터 그에게 소포가 부쳐져 왔는데, 그 속에는 "그는 사람들에게 멸시와 버림을 당했다…", "할 렐루야 전능의 주님이 다스리신다" 등의 내용이 들어 있었다.

그 순간 그는 마치 전기에 감전된 것 같은 전율을 느끼면서 숙소에서 23일간을 두문불출하고 또 거의 식음도 전폐한 채 묵상을 하며 작곡에 몰두했다.

24일째 되는 날, 하인이 숙소에 들어갔다가 헨델의 두 눈에서 눈물이 비 오듯이 쏟아지는 것을 목격했다. 깜짝 놀라 하인이 무슨 일이 있었는지를 물었다.

그러자 헨델은 이렇게 말했다.

음악의 어머니

"하늘이 제 앞에 열렸습니다. 아니, 전능하신 하나님 자신을 내가 뵈었습니다."

바로 그날 그는 「메시아」를 작곡한 것이었다. 헨델의 「메시아」가 공연에서 '할렐루야' 의 합창이 나올 때는 모든 청중들이 일어나는 것이 관례가 되어 있다. 그것은 아일랜드 더블린에서 이 곡이 초연될 때 왕이 일어나자 모든 청중들도 따라 일어났던 일에 따른 것이다.

만왕의 왕이요 만주의 주이신 그리스도 앞에 지상의 왕이 감히 앉아 있을 수 없었던 것이었다. 이 「메시아」는 빅토리아 여왕의 대관식 때에도 연주된 적이 있었는데, 영국에서 대관식 때는 전통적으로 왕이 일어나는 법이 없었다. 하지만 빅토리아 여왕은 그 전통을 깨고 일어나 참 왕이신 하나님께 경배를 드렸다.

빅토리아 여왕은 이때의 일을 회상하면서 이렇게 말한 적이 있다. "하늘에 계신 지고하신 하나님 앞에 이 지상의 왕은 아무것도 아닙니다. 지상의 평화는 오직 인간 모두가 하나님을 높일 때에만 이루어질 수 있습니다."

헨델은 단순히 음악가가 아닌, 독실한 신앙인이었다. 「메시아」뿐만 아니라, 그의 작품 「사울」, 「애굽에서의 이스라엘」, 「삼손」 등은 모두 신앙적 내용을 담고 있다.

「메시아」는 곡의 내용에 있어서 그리스도가 성경의 중심이라는 확실한 사실을 보여주기 위해 구성되어 있다. 예컨대, 그는 '할렐루야' 합창을 맹목적으로 끝에 넣지 않고 예수님의 과거와 미래 역사의 흐름 속에 적절하게 위치해 놓았다.

음악의 어머니

　많은 현대의 음악가들은 이 합창을 기술적으로 곡의 클라이막스로 활용하기 위해 끝에 위치시키지만, 그는 성경이 가르치는 대로, 그리스도가 세상을 다스리기 위해 다시 오시는 재림의 그날에 맞추어 '만왕의 왕, 만주의 주' 내용을 넣었던 것이다.
　이 「메시아」의 공연은 그에게 엄청난 부를 가져다주었다. 그는 그 많은 수익금의 대부분을 자선기금으로 내 놓았다. 주위 사람들은 역사상 수많은 곡 가운데 이 「메시아」만큼 가난한 자들을 위해 크게 기여한 곡은 아마 없을 것이라고 할 정도였다.
　그가 죽었을 때 그의 친구는 이렇게 말했다.
　"그는 선한 크리스챤으로 살다가 죽었다. 그는 하나님과 인간에 대한 참된 의무감으로 살았으며, 온 세상 사람들에게 베풀려고 하는 마음으로 살았다."
　헨델이 묻힌 웨스트민스터 사원에 있는 그의 동상은 「메시아」의 다음과 같은 악보 한 부분을 쥔 모습을 하고 있다.
　"나는 주님이 살아 계시는 것을 알고 있도다."
　그는 생전에 열정적으로 오르간을 연주한 음악가로도 유명했는데, 한 동료 음악가가 "당신은 두 다리와 열 손가락만 가지고도 부족할 것 같습니다. 그 비결이 무엇입니까?"라고 말하자, 그는 "마음과 목숨과 뜻을 다하여 연주합니다"라고 했다.

　　"예수께서 가라사대 네 마음을 다하고 목숨을 다하고 뜻을 다하여
　　주 너의 하나님을 사랑하라 하셨으니" (마 22:37)

펜으로 주님의 뜻을 표현한 작가

존 밀턴
John Milton (1608-1674)

우리에 대한 하나님의 뜻을 알고 그 길로 나아가자.

 존 밀턴은 철저한 청교도 신앙을 가졌던 아버지의 영향을 받아 어릴 때부터 청교도적 분위기 속에서 자랐다. 그는 다방면의 학식과 예술적 재능을 풍부하게 갖추고 있었으며 특히 라틴어, 그리스어, 히브리어 등 모든 언어에 능통해 있었다.
 그는 청교도 혁명을 일으켰던 크롬웰의 라틴어 비서로 지내면서 공화정을 위해 글 쓰는데 진력했다. 이때 그는 너무 과도한 일을 하느라 시력이 약해졌는데, 계속 그렇게 일한다면 실명할 수도 있다는 경고를 받았다.
 그럼에도 불구하고 그는 "하나님께서 그의 비서로 부르시고 양심으로 이 일에 참여해야 한다고 명령하셨다면, 그것이 아무리 미천한 일일지라도 물러난다면 내게는 슬픈 일이다"라고 말하며 계속 크롬웰의 공화정을 돕다가 결국 완전히 실명하고 말았다. 그는 청교도 중심의 공화정을 돕는 것이 하나님의 뜻이라고 여겼던 것이다.
 불굴의 의지를 가진 그는 실명상태에서도 좌절하지 않고 유명한 「실낙원」을 저술하였다. 예술적으로 최고의 서사시로 평가받는 이 「실낙원」은, 밀턴의 말에 따르면, 영원의 섭리를 전하고 인간에 대한

펜으로 주님의 뜻을 표현한 작가

하나님의 길이 정당함을 보여주고자 집필되었다.

그는 이런 말들을 남겼다.

"소경이 되는 것은 비참한 일이 아니다. 다만 소경을 견디지 못하는 것이 비참한 것이다."

"인간의 영혼이 존귀한 것은 두 가지 이유 때문이다. 첫째는 하나님의 형상대로 창조되었기 때문이며, 둘째는 주님께서 그들을 구원하기 위해서 십자가에 못 박히셨기 때문이다."

"마음은 그 자신의 처소이다. 거기서 지옥을 천국으로, 천국을 지옥으로 만든다."

"여호와의 말씀에 내 생각은 너희 생각과 다르며 내 길은 너희 길과 달라서 하늘이 땅보다 높음 같이 내 길은 너희 길보다 높으며 내 생각은 너희 생각보다 높으니라" (사 55:8~9)

약했지만 강한 작가

월터 스콧
Walter Scott (1771-1832)

하나님께서는 역경을 이길 힘을 주신다.

    스코틀랜드의 월터 스콧경은 출생한 지 1년 반 만에 소아마비에 걸려 오른쪽 다리가 절름발이가 되고 말았으며, 어린 시절에 바보로 놀림을 받았다.

    그는 열등생들이 쓰는 뾰족한 종이 모자를 쓰고는 교실 한 구석에서 침울하게 지내야 했고, 대학교에 들어가서도 질병으로 중퇴해야 했다.

    하지만 그는 문학에 남다른 관심이 있었고 좋은 시를 보면 열심히 외웠으며 마침내 큰 성공을 거두게 되었다. 그는 시에서 이야기체 산문을 통해 큰 인기를 얻었으며, 역사소설의 새로운 장을 열었으며, 19세기 소설의 발달에 가장 큰 영향을 미치는 등, 스코틀랜드를 빛내는 위대한 문인이 되었다. 또한 그의 성공으로 인한 수입은 그를 왕자 같은 생활을 하도록 해주었으며, 영문학 사상 최초로 작가가 붓 하나로 많은 수입을 올리는 계기를 만들었다.

    독실한 신앙을 가졌던 그는 임종이 가까웠을 때 하인에게 책을 가져오라고 말했다. 원래 문인인데다 그 자신의 저작물도 많기 때문에 하인은 당황하여 물었다.

약했지만 강한 작가

"어느 책을 말씀하시는지요?"

"세상에 책은 하나 밖에 없느니라."

평소 그의 신앙을 잘 알던 하인은 그제야 얼른 알아차리고 성경을 가져다주었다. 그는 성경을 펼쳐 요한복음 14:1을 읽고서는 조용히 눈을 감았다.

그가 했던 말 가운데,

"부자 청년이 부모로부터 상속받은 그 빛나는 금 덩어리들은 칼이 인간을 살해한 것보다 훨씬 많은 사람의 정신을 살해했다"라는 말은 많은 사람에게 큰 교훈이 되기도 했다.

「사람이 감당할 시험밖에는 너희에게 당한 것이 없나니 오직 하나님은 미쁘사 너희가 감당치 못할 시험 당함을 허락지 아니하시고 시험 당할 즈음에 또한 피할 길을 내사 너희로 능히 감당하게 하시느니라」 (고전 10:13)

주 앞에 무릎 꿇기를 기뻐한 작가

찰스 램
Charles Lamb (1775-1834)

찰스 램이 긍정적이고 쾌활할 수 있었던 이유는 하나님을 믿었기 때문이었다.

문인 가운데 월터 스콧과 동시대 인물로 찰스 램이 있다. 그 역시 어릴 때는 두각을 나타내지 못했다.

심한 말더듬이였던 그는 7세 때 기독병원 내의 자선학교에 입학하여 15세까지 우울하게 지냈다. 언어 장애로 인해 그는 대학 입학을 거절당했고 그래서 동인도회사의 회계사무실에 입사하여 35년간 근무했다.

22세 때 정신병을 앓던 그의 누나가 어머니를 죽이는 일이 발생하자 그는 그녀를 평생 간호하면서 살았으며 어떤 작품은 누나와 공저(共著)로 내는 등 깊은 형제애를 갖고 있었다.

하지만 그는 우울하게 살지 않고 어린이를 즐겁게 해주기 위해 「셰익스피어 이야기」 등, 익살스럽고 쾌활한 수필들을 많이 저술했다.

19세기 낭만주의시대에 타의 추종을 불허할 정도로 독자들에게 즐거움을 안겨주었던 작가로 그는 문학사의 한 장을 차지하고 있다.

그가 역경에도 불구하고 이처럼 쾌활한 성격을 가질 수 있고 또 문학사에서 그러한 위치를 차지하게 된 배후에는 하나님께 대한 신앙이 있었기 때문이다.

주 앞에 무릎 꿇기를 기뻐한 작가

독실한 신앙인으로 알려져 있는 그는 문학가들이 모인 자리에서 셰익스피어에 관해 이야기를 나누던 중에 이런 말을 하였다.

"만일 셰익스피어가 이 방에 들어오면 우리는 모두 기립하여 경의를 표할 것입니다. 하지만 만일 예수 그리스도께서 이 방에 들어오신다면 우리는 모두 그분께 무릎을 꿇고 엎드릴 것입니다."

"오라 우리가 굽혀 경배하며 우리를 지으신 여호와 앞에 무릎을 꿇자" (시 95:6)

하나님만 바라본 시인

테니슨
Alfred Tennyson (1809-1892)

해바라기가 해를 바라보듯 우리는 주를 바라보아야 한다.

기도

주여 저를 절망시켜 주소서, 저 자신에게.
하지만 당신께는 절망케 하지 마옵소서.
혼미의 슬픔을 맛보게 하시고
고뇌의 불꽃을 핥게 하소서.
온갖 치욕을 맛보게 하시고
제가 저 자신을 지탱하는 것을 돕지 마시고
제가 뻗어나가는 것을 돕지 마소서.
하지만 저의 자아가 파괴되었을 때는
제게 가르쳐 주소서.
당신이 파괴하셨음을
불꽃과 고뇌를 당신이 주신 것임을.
왜냐하면, 저는 기꺼이 멸망하고
기꺼이 죽어 가오리다만,
당신의 품 안에서만 죽을 수 있기 때문입니다.
하나님의 굳센 자녀들이여, 불멸의 사랑이여,

하나님만 바라본 시인

우린 당신의 얼굴을 뵈온 적이 없지만,
믿음으로써, 오직 믿음으로써, 당신을 만나며,
보이지 않는 곳에서,
믿음으로 보나이다.
광명과 그늘의 저 구체들은 모두 당신의 것
당신은 사람과 짐승의 생명을 만드셨습니다.
당신은 죽음도 만드셨습니다.
보시옵소서, 당신의 빛은
당신이 주신 축복 위에 있나이다.
당신은 사람을 만드셨지만,
사람은 그 이유를 모르고 있나이다.
그는 죽으려고 태어난 것이
아니라고 생각하고 있나이다.
당신은 그를 만드셨습니다. 당신은 옳습니다.
우리의 작은 학문 체계는 때가 있으며
때가 지나면 사라져 버립니다.
그것들은 모두 당신의
빛의 부서진 조각일 뿐,
당신은 이들보다 위대하옵니다.
우리는 믿음을 가지고 있을 뿐
우리는 알 수 없나이다.
지식이란 우리가 보는 것에 대한 것일 뿐입니다.
그래도 지식은 당신에게서 오는 것입니다.
어둠 속의 빛줄기처럼 자라게 하시고
지식이 더욱 크게 자라게 하소서.

하나님만 바라본 시인

당신께 대한 더 많은 경외의 생각이
마음속에 머물도록 하소서.
지성과 영혼이 한 데 어울리어
예전처럼 하나의 음악이 되게 하소서.
아니, 보다 더 광대하게 하옵소서.
우리는 어리석고 약하옵니다.

19세기 영국 빅토리아 시대의 최고 시인으로 손꼽혔고 철저한 신앙을 갖고 있었던 테니슨이 지은 기도시다. 그는 늘 깊은 사색을 하면서 자신의 신앙을 시로 표현하기를 좋아했다.

그가 처음 시집을 냈을 때 많은 비평가로부터 혹독한 비판을 받았으며, 심지어 칼라일로부터는 "막대기 사탕"이라는 모욕을 듣기까지 했다. 하지만 훗날 그는 워즈워스에 이어 계관시인의 영예를 안게 되었으며 당시 생존하는 가장 훌륭한 시인이 되었다.

어느 날 테니슨이 친구와 정원을 거닐고 있었는데, 그때 친구가 그에게 물었다.

"자네는 예수에 대해 어떻게 생각하는가?"

"나에게 예수는 이 꽃과 태양과의 관계와 같다네. 이 꽃은 태양의 빛과 열이 없으면 죽고 말지."

그러면서 그는 간단히 시를 읊었다.

"꽃에는 태양이, 내 영혼에는 그리스도가!"

"그러므로 너희가 그리스도 예수를 주로 받았으니 그 안에서 행하되" (골 2:6)

하나님 앞에 선 화가

밀레
Jean Francois Millet (1814-1875)

밀레가 성공할 수 있었던 것은 그의 주변 사람들의 기도 때문이었다.

밀레는 19세기 프랑스 노르망디에서 태어나 늘 가난한 생활을 했다. 명화 「만종(晩鐘)」을 그릴 때만 해도 먹을 것도 없었고 땔감조차 거의 다 떨어진 상태였다.

들에서 머리를 숙인 채 기도하는 농부와 그의 아내, 그리고 멀리 보이는 교회의 첨탑이 보는 이로 하여금 경건한 신앙을 갖도록 해 주는 이 그림을 그릴 때, 그는 "주님, 저는 소리가 나는 그림을 그리고 싶습니다"라고 기도했다. 그림이 완성되었을 때 그는 그림을 친구에게 보여주면서 제목을 정해달라고 부탁했다. 그러자 친구는 말했다.

"만종이라고 하면 좋겠어. 나는 이 그림에서 종소리를 들을 수 있어."

한때 그의 뛰어난 재능을 발견한 한 예술가의 건의로 파리에 유학을 갈 수 있도록 장학금이 주어졌으나, 그는 파리의 미술은 사악한 예술이라고 하며 이를 거절했다. 이처럼 그가 신앙적으로 살 수 있었던 것은 배후에 독실한 신자였던 그의 할머니의 기도가 있었기 때문으로 알려져 있다. 그의 할머니는 파리로 그림 공부를 떠나는 밀레에게 이렇게 말했다.

하나님 앞에 선 화가

"나는 네가 하나님의 뜻을 어긴다든지 믿음을 저버리는 것을 보기보다는 차라리 죽는 편이 낫다. 너는 화가이기 이전에 참된 크리스찬이 되어라. 올바르지 않은 일에 빠지지 않도록 조심하라. 그림을 그릴 때는 영원을 위해서 그려라. 하나님의 심판의 나팔 소리가 들려올 것을 늘 생각하며 살도록 해라."

그는 결국 만년에 프랑스의 최고 훈장인 레지옹 도뇌르 훈장을 받는 등 사회적으로도 인정받는 화가가 되었다.

"오직 하나님의 옳게 여기심을 입어 복음 전할 부탁을 받았으니 우리가 이와 같이 말함은 사람을 기쁘게 하려 함이 아니요 오직 우리 마음을 감찰하시는 하나님을 기쁘시게 하려 함이라"

(살전 2:4)

진화론자에서 창조론자로

윌리스
Alfred Russel Wallace (1823-1913)

사람들은 하나님을 못 믿는 것이 아니라, 믿지 않는 것뿐이다.

영국의 박물학자 월리스는 처음 진화론에 관해 다윈과 공동 논문을 발표하는 등, 다윈과 함께 진화론을 대표하는 인물이었다.

하지만 그는 훗날 인간의 뇌는 진화론적인 결과에 의해서가 아니라, 무엇인가 고도의 지적인 존재에 의해 만들어진 것이라고 말함으로써 다윈과 대립하게 되었으며, 그가 죽기 3년 전인 87세 때 완전히 창조론으로 돌아오게 되었다.

그는 다음과 같은 두 가지 사실을 들어서 창조론을 설명했다.

"첫째, 진화론은 인간의 영혼에 대해서는 어떤 것도 말해주지 못한다. 인간과 동물과의 상이성은 무엇으로도 메워지지 않는다.

둘째, 대자연을 자세히 살펴보면, 지구 역사상 어느 때 한번은 반드시 창조가 있었다는 사실을 인정하지 않을 수 없다.

이 창조는 그 이전에 존재하지 않았던 어떤 것을 하나님으로부터 받은 선물이다. 또한 이 선물로부터 생명의 선물이 나와서 모든 생물체의 무한하고 경이로운 번식을 이루게 되었다.

"여호와 하나님이 흙으로 사람을 지으시고 생기를 그 코에 불어 넣으시니 사람이 생령이 된지라" (창 2:7)

대륙을 횡단한 과학자

린드버그

Charles Augustus Lindberg (1902-1974)

보다 중요한 것은 영이지 육이 아니다.

린드버그는 유명한 비행사요 또한 과학자이기도 했다. 1927년 뉴욕과 파리 사이의 대서양 무착륙 단독비행에 처음으로 성공한 비행사로 유명하다. 소요 시간이 33시간 30분이 걸렸으며 이 일로 상금 2만 5천 달러의 오티그상을 획득함과 동시에 미국의 국민적 영웅이 되었다. 그 후 그는 프랑스로 가서 생리학자 알렉산더 카렐과 협력하여 '카렐-린드버그 펌프'라고 불리는 인공심장을 만들고 그 공동 연구를 카렐과 공저한 「장기 배양」이란 책에서 발표했다. 카렐은 노벨생리학상을 수상한 의사였다.

그는 당시 비행기 안에 타고 있었을 때의 일을 이렇게 회고했다.

"인간이 만든 기계들이 얼마나 부서지기 쉬운가를 깨달고는 비행기 안에서 불가지론자가 된다는 것은 지극히 어려웠다. 만일 한 사람이 죽는다 할지라도 주님의 피조물들은 그의 계획 아래 완벽한 조화를 이루고 있다."

또한 그는 말년에 다음과 같이 말했다.

"내가 젊었을 때에 과학은 어떤 다른 사람이나 하나님보다도 나에게 중요한 것이었다. 나는 과학을 숭배했지만 몇 년이 지난 후에 과

대륙을 횡단한 과학자

학의 모든 영광으로도 단지 하나님의 창조의 중간 단계만을 비출 뿐이라는 사실을 깨닫게 되었다. 지금 나는 언젠가 없어지게 되고 말 도시의 벽돌 사이의 몰타르보다 영적인 진리가 국가에 더 필수적임을 알고 있다. 사람들의 행동이 영적 진리에 의해 단단히 묶여질 때, 바로 그곳에 안전이 있기 때문이다. 만약 영적 진리가 거부되면 문명의 멸망은 시간문제가 된다. 우리는 영적 진리를 이해해야 하며, 우리의 현대 생활에 적용시켜야 한다. 우리는 우리가 거의 잊어버렸던 겸손함, 묵상, 그리고 기도의 능력을 끄집어내야 한다. 이것은 과학과 자아 이상의 헌신을 요구한다. 하지만 그 보상은 크며, 이것은 우리의 단 하나의 희망이다."

"하나님을 가까이 하라 그리하면 너희를 가까이 하시리라 죄인들아 손을 깨끗이 하라 두 마음을 품은 자들아 마음을 성결케 하라"
(약 4:8)

회심한 찬송가 작사자

존 뉴턴
John Newton (1725-1807)

하나님의 은혜는 어떠한 사람이라도 변화시킨다.

"나 같은 죄인 살리신"(Amazing Grace)은 찬송가 중에서 가장 많은 사랑을 받는 곡이다. 매우 아름다운 멜로디를 가진 이 곡은 믿지 않는 불신자들도 따라 부를 정도로 은혜롭다.

이 곡의 작사자인 존 뉴턴은 한 상선의 선장 아들로 출생하여 어릴 때부터 아버지의 배 위에서 일했다. 그 결과 그는 성격이 포악해지고 부도덕한 생활을 일삼았으며 범죄로 투옥당하기도 했다.

그러던 중 아프리카에서 흑인 노예 매매업을 하다가 1748년 폭풍을 만났을 때 회심하게 된다.

나중에 목사가 된 그는 그때를 회상하며 이렇게 말했다.

"저는 아무 쓸모없는 인간이었습니다. 저는 존재할 가치조차 없는 사람이었습니다. 저는 아프리카에서 방탕아로 지냈고 죄의 노예 중의 노예였습니다. 하지만 이제 하나님의 은혜로 말미암아 옛 사람을 벗게 되었습니다."

그는 82세를 일기로 주님께로 가게 되었는데, 그가 눈을 감기 전에 이렇게 말했다.

"나는 천국에 가면 세 가지 놀라운 사실을 목격하게 될 것이다. 그

회심한 찬송가 작사자

첫째는 내가 생각지도 못한 사람을 그곳에서 만나는 일이요, 둘째는 생각했던 사람이 그곳에 없는 일이요, 셋째는 가장 놀라운 것으로 내가 그곳에 있다는 사실을 발견하는 일이다."

그는 이런 말을 남겼다.

"하나님이 세상을 어떻게 다스리시는지 알기 위해 나는 매일 신문을 읽는다."

"믿음은 마음속에 타는 뜨거운 불이다."

"그런즉 너희가 먹든지 마시든지 무엇을 하든지 다 하나님의 영광을 위하여 하라" (고전 10:31)

모라비안 창시자

진젠도르프
Nikolaus Ludwig Graf von Zinzendorf (1700-1760)

우리가 주를 위해 할 수 있는 일은 바로 복음전파이다.

오스트리아 가문 출신인 한 작센 선제후국 장관의 아들로 태어난 진젠도르프는, 여러 신앙의 선배들과 선교사들의 영향을 받아 뜨거운 신앙심을 지녔다.

진젠도르프는 네덜란드와 프랑스로 연구여행을 떠나게 되었는데 도중에 뒤셀도르프에서 화가인 도메니코페티(Domenico Feti)가 그린 "내가 너를 위하여 이것을 당했건만 너는 나를 위하여 무엇을 하였는가?"라는 각명(刻銘)이 달린 십자가에 달리신 그리스도의 모습이 그를 사로잡게 되었고 진젠도르프는 이 그림으로부터 그의 필생의 사역에 있어서 상당히 중요한 자극을 받게 되었다.

그가 이룩한 괄목할만한 업적은 바로 모라비안 교회를 설립하여 발전시킨 것이다. 로마 가톨릭 교회와 보헤미아 국가 교회의 박해를 피해 헤른후트(Herrnhut)로 피난온 형제단(The Unity of the Brethren)이라고 불리던 모라비아의 후스파(Hussites) 개신교도들이 진젠도르프의 지도로 기독교 공동체를 발전시켜 나갔는데 이 공동체를 '모라비아파'라고 부른다.

진젠도르프에 의한 모라비안 교회는 선교지향적인 교회였다. 진젠

모라비안 창시자

　도르프는 교회의 모든 회원들이 기독교의 기사(騎士)가 되어 복음을 전하는 것을 지도이념으로 삼았다. 그리고 특별히 타 문화권 선교에 앞장서고 발전시켰다.

　모라비안 교회는 비록 작은 교회였지만 그들이 다른 종파에 미친 영향은 특별한 것이었다고 할 수 있을 것이다. 이처럼 모라비안 교회의 선교운동이 기독교 역사에 있어서 중요한 것은 그 영향이 지역적으로 유럽의 여러 지역과 세계에 널리 미쳤다는 점에 있다.

"형제들아 내가 그리스도 예수 우리 주 안에서 가진바 너희에게 대한 나의 자랑을 두고 단언하노니 나는 날마다 죽노라"

(고전 15:31)

성령에 사로잡힌 복음 전도자

존 웨슬리
John Wesley (1703-1791)

하나님께서는 전도의 미련한 것으로 믿는 자를 구원하시는 것을 기뻐하신다.

감리교 창시자 존 웨슬리는 교구 목사의 아들로 태어났다. 그는 어릴 때 가족이 살던 목사관이 불타는 바람에 타 죽을 뻔했는데, 그래서 그의 어머니는 그를 가리켜 "불에서 꺼낸 그을린 나무"(슥3:2)라고 했다.

어머니 수산나 웨슬리에게 어릴 때부터 철저한 신앙 교육을 받았던 그는 옥스퍼드 대학에서 젊은 대학생을 중심으로 '거룩한 클럽'(Holy Club)을 조직하여 성경연구 및 전도에 힘썼다.

그런데 웨슬리가 정식으로 회심을 경험하게 된 것은 1738년 경이었다. 그는 어떤 모임에 참석하여 그 모임의 인도자가 낭독하는 로마서 강해 서문을 듣고 있다가 심령의 변화를 일으켜 회심하게 된다.

이렇게 하여 거듭남을 체험한 그는 동생 찰스 웨슬리, 그리고 화이트필드와 함께 구원의 복음을 전했다.

당시 영국 국교회에서는 구원이나 회심에 대해서는 강조하지 않았는데, 많은 사람이 그들이 전하는 복음을 듣고서 주님께로 돌아왔다. 특히 전도 초기에 웨슬리는 돌에 맞아 죽을 각오를 하고, 자신을 반대하는 자들의 초대에 참석하여 복음을 전하기도 했다.

성령에 사로잡힌 복음 전도자

그는 하루에도 몇 번씩 언제든지 사람들에게 말씀을 증거 했고, 영국의 경우 그가 가지 않은 곳이 없을 정도였다. 그의 복음 전파를 통해 영국인들은 큰 영적 부흥을 체험하게 되었다. 그리고 이 부흥 운동은 특히 당시 복음을 접하기 쉽지 않았던 하층 계급으로까지 전파되어 사회의 모든 계층이 복음을 접하게 되었다.

결국 그와 그를 따르는 사람들은 영국국교회에서 벗어나 감리교파라는 새로운 교파를 형성하게 되는데, 그것이 오늘에까지 이른다.

웨슬리는 이런 말을 했다.

"전 세계가 나의 교구다. 따라서 나는 그 어떤 곳도 갈 것이다. 나는 이를 정당하고 올바르게 구원의 복음을 듣고자 하는 모든 이에게 전파해야 할 필연적인 나의 의무로 여긴다."

"나에게 죄 이외에는 두려워하는 것이 없고, 하나님 이외에는 바라는 것이 없는 사람 100명만 달라. 그러면 세상을 뒤흔들어 놓겠다. 이런 사람 100명만 있다면 이 땅 위에 사탄의 왕국을 무너뜨리고 하나님의 나라를 세울 수 있을 것이다."

"나는 너의 돈 지갑이 회개하기까지 너의 회개를 믿지 않는다."

"또 가라사대 너희는 온 천하에 다니며 만민에게 복음을 전파하라"

(막 16:15)

기도로 자녀를 양육한 어머니

수산나
Susanna Wesley Annesley (1669-1742)

어머니의 기도가 자녀의 미래를 연다.

웨슬리의 어머니 수산나는 어거스틴의 어머니와 더불어, 역사상 가장 훌륭한 신앙의 어머니로 손꼽힌다.

특히 그녀의 자녀 교육은 독특했던 것으로 유명했다. 그녀는 5살이 되면 알파벳을 가르쳤고, 동시에 창세기 1장부터 성경공부를 시켰다. 그리고 자녀들을 모두 매주 한 시간씩 따로 별실로 데리고 가서는 성경을 외우게 하면서 성경 말씀과 기도를 가르쳤다.

그녀는 훌륭한 신앙인이라면 마땅히 훌륭한 가정을 만들어야 하며 훌륭한 가정은 자녀들에 대한 가정교육에 달렸다는 확고한 신념을 갖고 있었다.

17명의 자녀들을 양육하느라 늘 분주했지만 그녀는 기도하는 시간을 잊지 않았다. 조용히 기도할 시간과 장소가 없었던 그녀는 자녀들에게 이렇게 말했다.

"엄마가 부엌에 앉아 앞치마로 얼굴을 가리고 있는 모습을 보거든, 하나님과 대화하는 줄 알고 방해하지 말아다오."

"또 아비들아 너희 자녀를 노엽게 하지 말고 오직 주의 교양과 훈계로 양육하라"(엡 6:4)

웨일스 부흥 운동가

이반 로버츠

Evan Roberts (1878-1951)

맹목적인 열심이 아닌, 분명한 비전에 대한 열심이 있어야 한다.

"놀라운 부흥이 웨일스 전역을 덮고 있다. 나라 전체와 도시에서, 지하의 탄광까지 복음의 영광으로 불타고 있다."

1904년 이 거대한 영적 각성의 지도자는, 머리카락은 탄진으로 뒤범벅이고 손톱 사이에는 새까만 때가 낀 웨일스 출신의 이반 로버츠라는 한 젊은 광부였다. 그는 웅변가의 어떤 기술도 없었고, 박식한 사람도 아니었다. 그가 아는 유일한 책은 성경이었으며, 그의 마음은 하나님과 그의 거룩한 말씀에 대한 정열로 불타고 있었다. 몇 년 동안, 이반 로버츠 청년은 복음 선포를 동경해 왔으며, 그는 자신을 변화시키고 사용하여 주시기를 하나님 아버지께 날마다 부르짖었다.

로버츠가 25세가 되었을 때, 그가 방에서 큰 소리로 설교를 하고, 기도를 한다고 집주인이 그를 내쫓았다. 지하 탄광 안에서 휴식시간에 동료들이 담배를 피운다든지 웃으며 지내는 동안, 그는 조용히 앉아서 성경을 읽었다. 1904년 어느 날 로버츠가 기도하고 있을 때, 하나님께서 웨일스에 부흥을 보내실 것이며, 10만 명의 불신자들이 그리스도께 돌아올 것을 계시하여 주셨다. 그런 후 성령님은 로버츠에게 앞으로 올 부흥은 프레리 초원에 불이 번지는 것처럼 영국에 퍼진

웨일스 부흥 운동가

후, 유럽, 아프리카, 아시아 전역에 퍼져갈 것을 보여주셨다. 로버츠는 이 비전에 불타서 열정적으로 복음을 전했다.

그의 메시지는 단순했다.

1) 당신은 생각나는 모든 죄를 하나님께 고백해야만 한다.
2) 당신은 생활 속에서 좋지 않은 습관은 모두 제거해야만 한다.
3) 당신은 성령님의 인도하심에 즉각 순종해야 한다.
4) 당신은 그리스도를 증거하기 위해서 대중에게 나아가야만 한다.

비록 로버츠의 설교는 미숙했지만, 목사와 17명의 교인들의 마음은 하나님을 만남으로 불타기 시작했다. 다음날 밤에는 더욱 많은 사람이 젊은 설교자의 말씀을 듣기 위해 모여들었으며, 부흥의 불길은 순식간에 다른 교회로 퍼져갔다. 그 후 30일 안에, 3만 7천 명이 강단 앞에 나와서 그들의 죄를 회개하고 예수 그리스도를 그들의 구세주와 주님으로 영접했다. 그리고 5개월 안에, 10만 명이 웨일스 전역에서 울면서 그리스도의 왕국으로 모여들었고 결국 로버츠의 비전은 성취되었다.

"여호와여 내가 주께 대한 소문을 듣고 놀랐나이다 여호와여 주는 주의 일을 이 수년 내에 부흥케 하옵소서 이 수년 내에 나타내시옵소서 진노 중에라도 긍휼을 잊지 마옵소서" (합 3:2)

자신을 온전히 주께 맡긴 사람

조나단 에드워드

Jonathan Edwards (1703-1758)

예수를 영접한다는 것은 곧 자신의 주권과 소유권, 의사 결정권을 그분에게 드린다는 것과 같다.

조나단 에드워즈는 가장 위대한 청교도 목회자의 하나로 꼽힌다. 1734년 미국에서 대각성 운동이 일어났을 때, 그는 그 운동의 주도적 인물이었다. 그의 설교는 많은 사람을 회개시켰고 영적인 힘을 갖도록 해주었으며, 그의 후손들은 미국에 지대한 영향을 미치는 가계를 이루게 된다.

그는 회심하면서 다음과 같은 선언을 하였다. 이 선언은 우리가 모두 마음에 새겨 두어야 할 내용이기도 하다.

"나는 나 자신, 곧 내 안에 있는 지·정·의에 대해 아무런 권리도 주장하지 못한다. 나는 또한 내 몸과 그 지체들, 곧 혀, 손, 발, 귀, 그리고 눈에 대해서도 마찬가지다. 나는 나 자신을 송두리째 내버렸고 그래서 내 것이라고 주장할 수 있는 것은 아무것도 없다.

오늘 아침 나는 하나님을 만났고, 나를 온전히 맡긴다고 하나님께 말씀드렸다. 나는 나의 모든 능력을 다 버렸다. 따라서 나는 앞으로 어떤 경우에도 나에 대해 어떤 권리도 주장하지 않을 것이다.

내가 고난 가운데 조금이라도 불평을 하고, 관대하지 못하고, 내가 당한 일에 복수하고, 단지 나 자신만을 기쁘게 하기 위해 어떤 일을

자신을 온전히 주께 맡긴 사람

하고, 나 자신을 과시하고, 주님께서 내 곁에서 행하신 선한 일에서 내가 칭찬을 가로채고, 내가 어떤 방법으로든지 자랑한다면, 나는 하나님으로부터 끊어진 자이다. 나는 전적으로 그분의 것이 되기를 소망한다."

"우리 중에 누구든지 자기를 위하여 사는 자가 없고 자기를 위하여 죽는 자도 없도다 우리가 살아도 주를 위해 살고 죽어도 주를 위하여 죽나니 그러므로 사나 죽으나 우리가 주의 것이로라"

(롬 14:7~8)

설교의 황제

찰스 스펄전
Charles H. Spurgeon (1834-1892)

오직 예수만이 길과 진리, 생명이시다.

평온하고 독실한 목회자 가정에서 태어나 신앙생활을 하던 스펄전은 사춘기를 구원을 향한 회의의 시기로 보내게 되었다. 그에게 그리스도인의 삶이란 어린 시절부터 몸에 배어온 일상이었으나, 마음 깊은 곳에서부터 그리스도를 구주로 고백하는 삶은 아니었다.

그러던 어느 날 작은 교회에서 예배를 드리게 되었는데, 목사님이 눈보라 때문에 나타나지 않아서, 회중에 있던 한 성도가 설교를 하게 되었다. 그의 설교는 간단했다. 구원을 위해서는 다만 그리스도만 바라보라는 것이었다. 그는 죄의식으로 지치고 낙담한 스펄전을 가리키며 "단지 주만 바라보라 그리하면 구원을 얻으리라"라고 말했다. 그 순간 스펄전은 극적인 회심을 하게 됐다. 구원은 오로지 주님만 주실 수 있는 은혜임을 깨닫게 된 것이다. 그때부터 그의 삶은 복음을 전하고자 하는 열정의 삶이되었다. 그는 17세의 나이로 정식 목사 직분을 얻었다. 그 후 일생 동안 그가 설교하는 곳에는 많은 사람이 설교를 듣기 위해 몰려들었다. 그의 힘차고, 신학적이며, 감미로운 설교는 그로 하여금 "설교의 황제"라고 불리게 했다.

"주 여호와께서 학자의 혀를 내게 주사 나로 곤핍한 자를 말로 어떻게 도와 줄줄을 알게 하시고" (사 50:4)

선교에 눈을 뜬 성경 번역자

윌리엄 타운센드
William Cameron Townsend (1896-1982)

우리는 언어를 통해서 하나님의 말씀을 접한다.

"가장 훌륭한 선교사는 선교지 현지인의 언어로 쓰인 성경이다. 성경은 선교사들처럼 안식년도 필요 없고 외국인이라고 배척받는 일도 없다."

전문적인 성서번역 사역의 길을 열었던 '위클리프 성서번역선교회'(Wycliffe Bible Translators)의 설립자, 윌리엄 캐머론 타운센드가 남긴 말이다. 그는 강한 확신과 뛰어난 지도력을 겸비한 사람이었다. 1893년 대공황으로 경제가 한창 어려운 때인 1897년 캘리포니아에서 출생한 그는 가난으로 찌든 어린 시절을 보냈다. 학생신앙자원운동(SVM)에서 활동하기도 했던 그는 1917년 한 대학 친구와 과테말라로 떠난 후 50년 이상의 선교사역을 계속했다.

그는 초기에 중미에서 성경을 판매하는 일을 했다. 그러나 그가 맡고 있던 넓은 시골 지역에는 20만 명 이상의 칵키퀼 인디언이 살고 있었는데 이들에게 스페인어 성경은 아무 소용이 없다는 것을 깨달았다. 그들의 언어로 된 성경은 아직 번역되지 않았기 때문이다. 그는 그들 사이에서 지내며 그들의 언어에 익숙해지자 그 부족들에 대한 사명감을 느꼈다.

선교에 눈을 뜬 성경 번역자

그러나 원주민의 반응은 더뎠고 오히려 반감을 갖고 있는 것 같았다. 어느 날 한 인디언이 다음과 같이 물었다.

"당신네 신이 그렇게 똑똑하다면서 우리말도 모릅니까?"

이 말은 그로 하여금 그 후 13년을 칵키퀼 인디언을 위해 헌신하게 했다. 그의 당면과제는 그들의 언어에 익숙해지는 것이요, 그 다음은 그 언어를 글로 옮기는 것이요 결국에는 성경을 번역하는 것이 최종 목표였다. 그는 10년이 넘는 기간 동안 애를 쓴 끝에 1929년 마침내 칵키퀼어 신약성경의 번역을 완료했다. 그러나 그의 사역은 개인적인 차원에서만이 아니라 선교역사의 한 획을 그은 것으로 후대에 평가되고 있다. 내지선교-해안선선교를 이어 미전도종족선교 시대를 여는 시발점을 만든 것이다.

"주의 말씀은 내 발에 등이요 내 길에 빛이니이다" (시 119:105)

성령 세례를 강조한 설교자

조지 화이트필드
George Whitefield (1714-1770)

구원은 행위가 아니라 믿음으로 말미암아 은혜로 얻는다.

화이트필드는 탁월한 설교가로서 미국과 영국 신앙 부흥에 큰 영향을 끼쳤다.

화이트필드는 1737년 런던에서 중생에 관한 일곱 편으로 이뤄진 설교를 출판했는데, 여기서 "중생은 외적인 고백뿐 아니라 내적인 변화요, 마음의 정결이요, 성령의 내주이고, 그러므로 신비적으로 참되고 생동감 있는 신앙에 의하여 신비적으로 그리스도와 연합하는 것이며, 따라서 그리스도로부터 영적인 덕목을 받는 것이다"라고 정의한다. 또한 그는 주장하기를 많은 사람이 칭의와 중생을 구별하는데, 그러나 이것을 구별하려는 것은 중대한 잘못이라고 못 박는다.

화이트필드에 의하면 물 세례는 결코 참된 신자의 표징이 될 수 없다. 참된 신자의 표시는 외적인 데 있는 것이 아니라 내면적인 데에 있다. 그 내면적인 것이란 성령으로 말미암는 중생을 말한다.

그는 그의 일생에 걸친 설교사역에서 에베소서 2장 8절의 말씀을 주제로 삼았다.

"너희가 그 은혜를 인하여 믿음으로 말미암아 구원을 얻었나니 이것이 너희에게서 난 것이 아니요 하나님의 선물이라"

성령 세례를 강조한 설교자

개혁자의 신앙을 이어받아, 성령의 능력을 힘입어, 사람을 변화시키는 일에 진력한 화이트필드의 삶은 굳어진 18세기 교회의 문을 부수고 무뎌진 명목상 신자들의 마음을 흔들어 놓았다. 사람들은 그의 설교에 감격하였고, 내면적 부흥운동의 큰 줄기로서 그들을 중생의 길로 인도하였다.

"모든 은혜의 하나님 곧 그리스도 안에서 너희를 부르사 자기의 영원한 영광에 들어가게 하신 이가 잠깐 고난을 받은 너희를 친히 온전케 하시며 강하게 하시며 터를 견고케 하시리라" (벧전 5:10)

영혼을 사랑하는 복음 전도자

무디

Dwight Lyman Moody (1837-1899)

하나님께서는 그 무엇보다도 우리의 영혼이 구원받는 것을 원하신다

하나님께서는 무디를 위대한 복음전도자로 사용하셨고 그로 인해 미국과 영국에 큰 부흥운동이 일어났다.

1855년 4월 21일, 무디가 보스턴에 있는 교회에 나간 지 1년이 지난 때였다. 그의 주일학교 교사였던 에드워드 킴볼이 그를 찾아왔다. 무디의 영혼을 걱정하던 그는 몇 번이나 미루다가 그날 마음을 정하고 찾아온 것이었다.

"무디, 자네는 예수 그리스도를 영접한 체험이 있는가?"

"글쎄요… 저는 어머니를 따라 교회에 다녔고, 지금도 교회에 다니며, 예수님을 믿고 있다고 생각합니다."

"내 말은 '자네가 개인적으로 죄 사함을 받고 거듭난 적이 있는가?' 하는 것이네. 나는 자네의 영혼을 두고 기도를 많이 했네. 오늘 복음을 받아들이지 않겠는가?"

킴볼 선생과의 대화는 형식적인 신앙생활에 젖어 있던 무디의 마음을 일깨워 주었다. 그날 무디는 죄악된 자신의 모습을 발견하게 되었고, 그와 동시에 예수 그리스도를 구세주로 받아들여 자신의 모든 죄를 사함 받았다. 훗날 그는 당시의 심정을 이렇게 고백했다.

영혼을 사랑하는 복음 전도자

"그리스도의 은혜로 죄 사함 받은 날 아침, 밖으로 나가 만물을 보았습니다. 태양이 그토록 사랑스럽게 보인 적은 없었습니다. 지저귀는 새소리도 내 마음을 감동시켰습니다. 모든 것이 달라진 것입니다."

그는 구원을 받자마자 매우 기쁜 나머지 어머니께 편지를 썼다.

"어머니, 기뻐해 주세요. 1837년 2월 5일은 제가 어머니의 아들로 태어난 생일이지요? 18년이 지난 오늘 4월 21일은 성령으로 제 영혼이 거듭난 생일입니다."

하나님께서 무디를 쓰실 수밖에 없었던 이유 중 하나는 그가 잃어버린 영혼을 사랑하는 사람이었기 때문이다. 무디는 영혼을 사랑하는 마음으로 열정적으로 복음을 전했다.

"보내심을 받지 아니하였으면 어찌 전파하리요 기록된바 아름답도다 좋은 소식을 전하는 자들의 발이여 함과 같으니라" (롬 10:15)

빛의 천사

헬렌 켈러
Helen Adams Keller (1880-1968)

헬렌 켈러는 그녀가 처한 역경으로 인해 자기 자신과, 자신의 일, 그리고 하나님을 발견할 수 있었다고 고백한다.

헬렌 켈러는 출생 후 19개월 만에 심한 열병으로 눈, 귀, 입의 기능을 상실하는 3중고(重苦)의 장애를 입었다. 이런 상태에서 그녀는 설리번 선생의 끈질긴 노력과 희생으로 7년 만에 겨우 "Water"(물)라는 한 글자를 배우게 된다.

그 이후에도 그녀는 불굴의 투지를 발휘하여 하버드 대학의 래드클리프 칼리지에 입학하여 우등으로 졸업했을 때 세계가 놀랐다. 또한 그녀는 그리스어, 라틴어, 독일어, 불어 등에도 능숙하였는데, 이런 그녀의 노력과 투지는 그 자체로서도 세계의 수많은 장애인에게 희망과 용기를 주었다.

그녀는 미국 전역과 해외로 강연을 하러 다니며 맹농아인들을 위한 기금을 모으는 등, 복지 사업에 큰 공헌을 함으로써 '빛의 천사'로 불리게 되었다. 언젠가 미국성경공회는 그녀에게 점자성경을 특별히 선물해 주었던 적이 있었는데, 며칠 후 그녀로부터 다음과 같은 내용의 편지를 받았다.

"화요일 저녁에 제가 저녁 식사를 하고 있었을 때 보내주신 점자성경이 도착했습니다. 너무도 기쁜 나머지 식사 중인데도 포장을 풀

빛의 천사

고 말았습니다. 저는 40년간 성경을 애독해 오고 있습니다. 성경은 목자의 지팡이처럼 저를 인도하고 제가 잘못 걷지 않도록 지켜줍니다. 성경만이 사람에게 구원의 길을 가르쳐 주며 어둠에서 살려준다고 믿습니다. 이 세상 사람들이 서로 사랑하라는 예수님의 가르침을 따른다면 더욱 행복한 삶을 살 수 있을 것입니다."

헬렌 켈러는 다음과 같은 말들을 남겼다.

"희망은 사람을 성공으로 이끄는 신앙이다. 희망이 없으면 아무것도 성취되지 않는다."

"나의 생애에서 닥쳐오는 모든 고난은 하늘이 값없이 내리는 은혜다."

"다른 사람에게는 내가 가는 길이 어두울 것으로 여기겠지만 나는 내 마음속에 신비한 빛을 가지고 간다. 신앙이라는 강한 영적 등이 내 길을 비추어 주는 것이다."

"인간에게 있어서 가장 큰 불행은 보지 못하는 것이다. 하지만 더 큰 불행은 눈을 가지고도 보지 못하는 것이다."

그녀는 죽기 직전에 이런 말을 했다.

"나의 생은 정말 아름다웠다."

"또한 그로 말미암아 우리가 믿음으로 서 있는 이 은혜에 들어감을 얻었으며 하나님의 영광을 바라고 즐거워하느니라 다만 이뿐 아니라 우리가 환난 중에도 즐거워하나니 이는 환난은 인내를, 인내는 연단을, 연단은 소망을 이루는 줄 앎이로다" (롬 5:2~4)

재미있는 글

EPISODE

헬렌 켈러가 어느 날 이제 막 숲 속을 산책하고 돌아온 친구에게 "무엇을 보았니?"라고 물었는데, 그 친구는 "별로 특별한 것이 없었어"라고 말했다. 헬렌은 그런 친구를 도저히 이해할 수 없었다.

'어떻게 한 시간 동안이나 숲 속을 거닐면서도 눈에 띄는 것을 하나도 보지 못할 수가 있을까?'

봄이 오면 자연이 겨울잠에서 깨어나 기지개를 켜는 첫 신호인 어린 새순을 찾아 나뭇가지를 살며시 쓰다듬어본다.

"그저 만져보는 것만으로도 이렇게나 큰 기쁨을 얻을 수 있는데 눈으로 직접 보면 얼마나 더 아름다울까!"

"내가 사는 동안 유일한 소망이 하나 있다면 그것은 죽기 전에 꼭 사흘 동안만 눈을 뜨고 세상을 보는 것이다"

그리고 그녀는 그 사흘 동안의 계획을 세워보았다.

첫째 날

눈을 뜨고 볼 수 있는 첫 순간, 나는 나를 어둠에서 구해준 '설리반' 선생님을 비롯한 사랑하는 사람들을 찾아갈 것이다. 손끝으로 만져서 알던 그들의 얼굴과 아름다운 모습을 몇 시간이고 물끄러미 바라보면서 그 모습을 마음속 깊이 간직할 것이다. 책을 눈으로 직접 읽기도 하고 산책도 하며 즐겁게 시간을 보낼 것이다.

EPISODE

둘째 날

동트기 전에 일어나서 밤이 낮으로 바뀌는 가슴 설레는 기적을 바라볼 것이다. 낮에는 박물관과 미술관을 둘러보고 밤에는 영화관도 가고 밝게 빛나는 밤하늘의 별을 볼 것이다.

셋째 날

일찍 큰길로 나가 부지런히 출근하는 사람들의 활기찬 표정을 보고 싶다. 눈을 감아야 할 마지막 순간에는 나에게 이 사흘만이라도 눈을 뜨고 볼 수 있게 해주신 하나님께 감사의 기도를 드리고 영원히 어둠의 세계로 돌아가겠다.

보지도 못하고 듣지도 못하고 말하지도 못하는 절망감은 그 깊이가 얼마나 깊고 넓은지 아무도 짐작할 수 없을 것이다. 정상적인 사람들에게는 별것 아닌 친구의 얼굴을 본다는 것, 책을 본다는 것, 사랑하는 사람의 목소리를 듣는다는 것과 같은 일상적인 일들이 그녀에게는 평생의 소원이었다.

그러한 것을 흉내 낼 수 있다는 것만으로도 그녀에게는 그 모든 것이 절망을 이겨낸 눈물이며 감격이며 승리였다. 우리에게는 왜 이러한 기쁨과 감동이 없는지 생각해 본다.

구세군 창시자

윌리엄 부스
William Booth (1829-1912)

네 이웃을 네 몸과 같이 사랑하라.

구세군은 1865년 윌리엄 부스에 의해 창설되었다. 그는 "내가 의인을 부르러 온 것이 아니요 죄인을 부르러 왔노라"라고 하는 말씀에 유의하여 특히 사람들을 구원시키는 것을 제1과업으로 삼았다. 또한 그는 여러 가지 사회사업에도 힘썼는데, 그 전통은 지금까지 이어지고 있다. 한 때 그가 시력을 잃어서 주위에서 그의 활동 연령은 끝났다고 말한 적이 있었다. 하지만 그는 한 쪽 눈을 제거한 채 불완전한 시력으로 대중 앞에 나타나서는 이렇게 연설했다.

"나는 인류를 위해 더욱 많은 일을 하고 싶습니다. 그리고 나는 예수님을 위해 더 많은 일을 하고 싶습니다. 이 세상에는 가난하고 불쌍한 사람들이 많습니다. 죄를 짓고서 고통받으며 도움을 청하는 사람들이 많이 있습니다. 그래서 나는 여전히 그들을 위해 무엇인가를 하고 싶은 것입니다."

"우리는 그의 만드신 바라 그리스도 예수 안에서 선한 일을 위하여 지으심을 받은 자니 이 일은 하나님이 전에 예비하사 우리로 그 가운데서 행하게 하려 하심이니라" (엡 2:10)

한 알의 밀알이 된 선교사

아도니람 저드슨
Adoniram Judson (1788-1850)

저드슨은 하나님께서 심으신 한 알의 밀알이 되었다.

아도니람 저드슨은 미국 최초의 해외 선교사로서 버마(지금의 미얀마)에서 일생동안 복음을 전했던 선교사이다. 그의 밑에서 수많은 버마 영혼들이 주님께로 돌아왔으며 버마 기독교 역사의 바탕을 형성하였다. 그의 인생은 인간적인 눈으로 볼 때는 참으로 비참했다. 사랑하는 아내와 많은 자식이 비참한 모습으로 병들어 죽어갔고, 그 또한 많은 질병과 고독 속에서 너무나도 초라한 모습으로 생을 마감했다. 하지만 그는 진정 버마인들의 영적 아버지였다.

그의 눈물과 땀방울과 헌신의 핏방울은 버마인들의 생명의 양식이었던 버마어 성경을 잉태했으며, 또한 영어-버마어 사전을 잉태했다. 한 마디로 버마 기독교 역사의 그루터기를 형성하였던 것이다.

그의 영혼을 향한 정신과 희생의 삶은 지금도 많은 하나님의 일꾼들 마음 가운데 남아있으며 계승되고 있다.

"내가 진실로 진실로 너희에게 이르노니 한 알의 밀이 땅에 떨어져 죽지 아니하면 한 알 그대로 있고 죽으면 많은 열매를 맺느니라"

(요 12:24)

중국 선교의 아버지

허드슨 테일러
J. Hudson Taylor (1832-1905)

하나님이 주신 소명을 이루기 위해 끝까지 일하는 것은 쉬운 일이 아니다.

허드슨 테일러는 중국 내륙 선교의 개척자이다. 어느 날 그는 영국 남부의 브리튼 해변에 있었다. 그곳에서 그는 깊은 기도 가운데 하나의 깨달음을 얻었다.

"우리가 주님께 복종하기만 하면 책임은 주님께 있지 우리에게 있지 않다."

그는 이 깨달음이 있은 후에 수개월 동안 가졌던 갈등에서 벗어나게 됨과 동시에 앞으로의 일에 대한 분명한 마음가짐을 갖게 되었다. 그는 주님께 복종하기만 하면 주님께서 반드시 그와 함께 해주신다는 사실을 확고히 믿게 된 것이다. 그는 주위 사람들의 만류 및 경고, 그리고 당시 중국의 어려운 정치적 상황에 개의치 않고 기꺼이 중국 선교를 위해 몸을 바치게 된다. 그리고 그와 결혼을 약속한 여성이 중국에서 선교할 수 없다고 하는 바람에 그는 마음의 아픔까지 당했다. 그는 1853년에 중국에 들어가 1905년 죽는 날까지 약 50년 동안 중국 선교를 위해 몸을 바쳤다. 그는 단순히 중국 선교뿐만 아니라 기독교 선교 역사 자체에 큰 영향을 주었다. 사도 바울 시대 이후로 최고의 선교사로 일컬어지기까지 할 정도다. 그는 '서양 마귀'라고 불

중국 선교의 아버지

리며 여러 번 습격을 당하는 등 고난을 당하였지만 주님과 결혼한 자처럼 살았다. 그는 주님과, 아가서 8:6에 나타나 있듯이, 죽음과 같이 강한 사랑을 가졌던 사람이었다. 그는 하나님의 임재를 늘 체험하며 살았으며 누구든지 이런 체험을 하면 이전에 누렸던 세상의 쾌락들은 생각조차 나지 않는다고 말했다.

한번은 그를 파송한 영국 선교회로부터 편지가 왔다. 선교비가 잘 들어오지 않아 선교비를 지원할 수 없으니 철수하라는 것이었다.

하지만 그는 그렇게 하지 않고 중국 사람들처럼 옷을 입고, 먹고, 생활하면서 전도를 계속했다. 하나님은 그런 그를 굶어 죽도록 내버려 두지 않으셨고 그를 통해 큰 역사를 이루셨다. 그는 처음 개척했던 상해가 비교적 선교하기에 용이해지자 새로운 결심을 하여 이곳을 내어주고 홍수와 기근, 전쟁으로 얼룩져 있던 오지로 들어가 선교를 하게 된다. 결국 최대의 선교회인 중국 내지 선교회(China Inland Mission)가 만들어져 그가 살아 있을 동안에도 800명이 넘는 선교사가 지원했으며, 그의 사후에도 수많은 선교사가 줄을 이었다. 이 선교회는 지금은 OMF라는 선교회 이름으로 선교 활동을 전개하고 있다. 놀라운 사실은 이같이 큰 선교회가 어느 개인이나 단체에 특별히 선교 헌금을 요구하지 않고 오직 기도만 하는데도 지금까지 잘 운영되어 나간다는 사실이다.

"오직 성령이 너희에게 임하시면 너희가 권능을 받고 예루살렘과 온 유대와 사마리아와 땅 끝까지 이르러 내 증인이 되리라 하시니라" (행 1:8)

현대 선교의 아버지

윌리엄 캐리
William Carey (1761-1834)

복음전파가 바로 위대한 일이다.

현대 선교의 아버지로 일컬어지는 윌리엄 캐리는 어느 날 "땅끝까지 복음을 전하라"라는 성경 말씀을 묵상하고 있었다. 그런데 마음속에서 "땅끝까지 복음을 전하라"라는 주님의 음성이 들려왔다.

그는 물었다.

"주님, 저 말입니까?"

"그래, 너 말이다. 너 말고 지금 여기에 누가 있느냐?"

"주님, 여기 제가 있습니다. 제가 가서 복음을 전하겠습니다."

그는 즉시로 순종했다. 제화공으로 생활하고 있었던 그는 그때부터 가죽 위에 그린 세계 지도를 구둣방에 걸어 놓고 외국어를 공부하였다.

특히 그는 「쿡 선장의 항해기」를 열심히 읽었다. 주위 사람들은 이런 그를 망상가 혹은 바보로 취급했다.

하지만 그는 먼 인도로 가서 인도의 4대 언어로 성경 전체를 번역했고 성경을 32개국의 언어로 번역하도록 했으며 100여 개의 기독교 학교를 설립하도록 도왔다.

그는 임종 시에 이렇게 말했다.

현대 선교의 아버지

"하나님은 참으로 위대한 일을 하셨다."

그는 생전에 유명한 말을 남겼는데, 그것은 "하나님으로부터 위대한 일을 기대하라. 하나님을 위해 위대한 일을 하라"라는 말이다.

이는 이사야서 53:2~3을 본문으로 하여 해외 선교의 중요성에 관해 설교할 때 했던 말로, 지금까지 수많은 사람에게 도전과 용기를 주어 왔다.

그는 유아 살해나 과부의 화형 등 인도의 나쁜 관습과 사회에도 큰 변화를 주었으며, 언어와 교육 면에서도 인도에 지대한 공헌을 하였다.

"나는 너를 애굽땅에서 인도하여 낸 여호와 네 하나님이니 네 입을 넓게 열라 내가 채우리라 하였으나" (시 81:10)